Beate Neubauer

Schönheit, Grazie & Geist

**Elisabeth, Caroline, Gabriele und Constanze
Die Frauen der Familie von Humboldt**

edition ebersbach

INHALT

Wer den Familiennamen ›von Humboldt‹ liest oder hört, denkt meist an die Brüder Wilhelm und Alexander von Humboldt, die Begründer der Sprach- und der Natur-wissenschaft. Wilhelm von Humboldt – der Initiator der Berliner Universität, Diplomat und Gelehrter; Alexander von Humboldt – der Reisende und Naturforscher. Ber-linerinnen und Berliner denken vielleicht noch an das Schlösschen Tegel und an die Denkmäler der Brüder vor der Humboldt-Universität zu Berlin, die diesen Familien-namen tradiert. In den kommenden Jahren wird der Fa-milienname an Popularität gewinnen, denn an der Stelle des ehemaligen Stadtschlosses der Hohenzollern auf dem Schlossplatz in Berlin wird das neu zu erbauende Hum-boldtforum die Bedeutung von Wissenschaft und Kultur im Humboldtschen Sinne betonen.

Wer aber denkt an den Einfluss der Frauen dieser Fami-lie auf die Entwicklung des berühmten adligen Namens?

Die hier vorgestellten fünf Frauen der Familie von Hum-boldt brachten einerseits das ausreichende Vermögen für eine unabhängige Lebensführung der Familien durch ihre Mitgift ein. Andererseits trugen sie mit ihrer weibli-chen sozialen Kompetenz und Intelligenz zur Erziehung der Söhne und Töchter bei, und ihre Umsicht und Ent-scheidungen – zusammen mit den Ehemännern wie auch allein – förderten und garantierten den guten Namen der Familie. Ihre Biografien verdeutlichen die Einbeziehung der Frauen des Adels im Übergang von der adelsbestimmten Zeit des 18. Jahrhunderts über das bürgerliche 19. Jahrhundert bis zum Untergang des öffentlichen Adelseinflusses kurz nach dem Ersten Weltkrieg, hin zur »Neuen Frau« der Zwanzigerjahre des 20. Jahrhunderts.

Das Familienarchiv bot die Möglichkeit zur Veröffentlichung von Briefsammlungen. Der von Anna von Sydow edierte Briefwechsel Wilhelm von Humboldts mit seiner Ehefrau Caroline, geborene von Dacheröden, ist sehr bekannt. Es liegen sieben Bände mit einer sorgfältigen Auswahl von ca. 3 000 Briefen von der Verlobungszeit bis hin in die letzten Altersjahre vor. Diese sehr persönlichen Belege einer Partnerschaft in einer von Umbrüchen geprägten Zeit wurden von Wilhelm von Humboldt in seinem Testament ausdrücklich den Töchtern mit der Auflage übergeben, diese Zeitzeugnisse in der weiblichen Linie weiter zu vererben. *»Töchter zu haben, ist ein seltenes Glück«*, war der Ausspruch Wilhelm von Humboldts in einer Zeit, in der Väter keinesfalls über Töchter, sondern ausdrücklich über Söhne, die rechtlich den Familiennamen weitergaben, erfreut waren.

Briefsammlungen zu Gabriele von Bülow, geborene von Humboldt, wurden seit den Zwanzigerjahren des vorigen Jahrhunderts herausgegeben. Sie haben einige Neuauflagen erlebt und stellen eine interessante Auswahl weiblicher Briefkultur innerhalb einer Familie dar. Doch außer Caroline von Humboldt, der bekannten und geschätzten Frau der Goethezeit, die in vielen Biografien dargestellt wird, ist keine der hier beschriebenen fünf Frauen der Familie von Humboldt über ihre Zeit hinaus bekannt geblieben.

EINS

Die Humboldtfrauen im Wandel der Generationen

Wie mögen sie sich in ihrer Zeit gesehen haben, die Frauen der Familie von Humboldt?

Marie Elisabeth von Humboldt, geborene Colomb, verwitwete von Holwede, erlebte das aufgeklärte, tolerante und galante 18. Jahrhundert. Dennoch: Die Mutter der Brüder Wilhelm und Alexander von Humboldt folgte den Traditionen einer Standesgesellschaft, die die religiös gebundene, tugendhafte Frau im Haus als Ideal pries – und Marie Elisabeth hat diese ungeschriebenen Gesetze nie öffentlich durchbrochen.

Doch wer weiß, vielleicht steckte hinter der vagen Überlieferung, die uns über die Mutter der berühmten Söhne bekannt geworden ist, mehr als die zu erwartende weibliche Unauffälligkeit und Angepasstheit? Denn immerhin erlebte Marie Elisabeth von Humboldt die Verbreitung der aufklärerischen Ideen eines Diderot, D'Alembert, eines Voltaire und Rousseau. Wie war wohl der Blick Marie Elisabeth von Humboldts auf ihre auffällig öffentlich lebende und liebende, in ganz Europa gefeierte Schwiegertochter, auf eine Frau der nächsten Generation, die die Ideale der Aufklärung umzusetzen, zu leben versuchte?

Diese Generation gestaltete den Aufbruch und den Umbruch hin zum Beginn des bürgerlichen 19. Jahrhunderts. Die Klassik und die Romantik sind ihre Epochen. Die deutsche Sprache als Sprache der Philosophie und Literatur wurde von ihnen propagiert. Ihre Heroen waren die bürgerlichen Schriftsteller Johann Wolfgang Goethe aus Frankfurt am Main und Friedrich Schiller aus Marbach.

Die Frau, von der das gebildete Europa jener Zeit sprach, Caroline von Humboldt, war die Gattin Wilhelm von Humboldts. Caroline stand ihrem Mann an Intellekt, an Bildung, an gesellschaftlichem Einfluss nicht nach – eher im Gegenteil. Um sie scharten sich Männer und Frauen aus Adel und Bürgertum und wenn sie Caroline verließen, schwärmten sie von ihr als der geistreichsten Frau in Europa. Ihre Lebenszeit umfasste zeitgenau den Aufbruch der gebildeten Frauen in das öffentliche kulturelle Leben Europas. Ein Zeichen dieses Aufbruchs wurde die Salonkultur. Über die Begegnungen von Adel und Bürgertum, Männern und Frauen, Verheirateten und Unverheirateten in ihren Salons verbreitete sich der Einfluss weiblichen Esprits von Paris über Weimar nach Berlin, von Rom nach Wien und St. Petersburg. In dieser gesellschaftlichen intellektuellen Elite glänzte die schöne, redegewandte und denkfähige Caroline von Humboldt. Caroline lebte die im Salon debattierten Ideale der französischen Aufklärung. Sie wollte Freiheit, Gleichheit, Brüderlichkeit für sich als Individuum – vor allem in den Liebesbeziehungen und in der Ehe. Bis heute gibt es selten, sehr selten solch freie Ehebündnisse wie das der Caroline und des Wilhelm von Humboldt; bewusst aufgebaut auf dem Ideal der gelebten Gleichberechtigung der Partner. Diese Ehe hatte 40 Jahre Bestand – was machte die Verbindung so erfolgreich?

Unübersehbar stand und steht Caroline im Mittelpunkt der Humboldtschen Damen-Generationen – dank ihres unkonventionellen wie selbstbewussten Lebensentwurfes einer adligen, wohlhabenden, gebildeten Dame mit Lebensräumen und Einfluss weit über Berlin und Tegel hinaus.

Durch die in eine neue Zeit aufbrechenden Mütter erhielt die nachfolgende Töchtergeneration wie selbstverständlich eine breitere und bewusst kosmopolitische Bildung, die den Frauen der adligen wie bürgerlich-christlichen und auch der jüdischen Oberschicht einen erweiterten Wirkungsradius bot. Die Töchter Adelheid und Gabriele wuchsen ins bürgerliche 19. Jahrhundert hinein. Ein Jahrhundert, das Europa eine Spaltung in Nationen brachte, die sich in vielen Kleinkriegen etablierten. Höhepunkt war die Gründung des Deutschen Kaiserreichs am 18. Januar 1871 im Spiegelsaal zu Versailles nach dem Sieg über den Erbfeind Frankreich. Biedermeier-Restauration, 1848er Revolution, die Industrialisierung mit ihren enormen Fortschritten in Wissenschaft und Bildung sowie ein künstlerischer Aufbruch hin zur Moderne kennzeichneten das Jahrhundert ebenso wie eine zunehmende Kluft zwischen den sozialen Schichten, eine Rückbesinnung auf religiöse Werte und Normen und die Suche nach Demokratisierung.

Beide Töchter heirateten erstaunlich jung: Adelheid mit vierzehn Jahren den Major August von Hedemann, Gabriele nach einer fünfjährigen Verlobungszeit mit neunzehn Jahren den Diplomaten Heinrich von Bülow. Sie wählten aus Zuneigung. Die eine kinderlos, die andere mit sieben Kindern ›gesegnet‹, wurden sie – anders als die Mutter – ausschließlich als die Gattinnen ihrer Ehemänner bekannt. Wäre da nicht der inzwischen so bekannte Herkunftsname ›von Humboldt‹, so wären die Töchter längst vergessen wie manch andere begabte Frau ihrer sozialen Schicht in ihrer Zeit. Die erhalten gebliebenen Briefe geben ein Sittenbild der preußischen Oberschicht. Wir finden vor allem Gabriele als kluge wie gewandte Diplomatengattin anerkannt in Berliner Hofkreisen, in der adligen Oberschicht Englands und in den Adelssalons Europas.

In die Zeit der frühen Industrialisierung hinein wurde die vierte Generation geboren. Constanze wuchs auf mit dem Erlebnis der 1848er Revolution und erlebte als Erwachsene das deutsche Kaiserreich. Trotz beginnender bürgerlicher Frauenbewegung mit ihrem Kampf um Bildung und um die Möglichkeit zur Berufstätigkeit für Frauen, die auch viele adlige Frauen, ja sogar die Kaiserin Augusta und ihre kluge Schwiegertochter Victoria unterstützten, blieb das konventionelle Frauenbild weitgehend unangetastet: Die realistischen Darstellungen in den Romanen eines Theodor Fontane, von *Effi Briest* bis zu den *Poggenpuhls,* zeigen uns die Widersprüche, denen die Mädchen und Frauen begegneten.

Constanze von Bülow verliebte sich in einen der engen Vertrauten des Kronprinzen und späteren 99-Tage-Kaisers Friedrich von Preußen, den Hofmarschall Carl von Heinz. Früh verwitwet, lebte sie allein mit ihren drei Kindern. Wie ihre Urgroßmutter Marie Elisabeth scheint Constanze von Heinz eine in sich ruhende, verantwortungsvolle Persönlichkeit gewesen zu sein, die die Zukunft ihrer drei Kinder zu sichern wünschte. Sie nutzte die Gründerjahre des Deutschen Kaiserreiches sehr bewusst. Als die Eisenbahnstrecke von Berlin bis zum Dorf Tegel gebaut wurde und der Anschluss an die Großstadt den Ausbau des kleinen Ortes herbeiführte, förderte sie durch eigene Bauvorhaben den Gedanken eines Kurortes Tegel.

Als sie 1920 verstarb, war das alte Europa, wie sie es gekannt hatte und in dem sie wie die meisten der Humboldtdamen eine ihrem Familiennamen wie ihrer Persönlichkeit gemäß geachtete Rolle gespielt hatte, in den Wirren des Ersten Weltkrieges zerfallen. Es kam eine neue Zeit der Republiken in diesem beginnenden 20. Jahrhundert, die Constanze von Heinz nicht mehr erlebte.

Fünf Frauenbiografien in vier Generationen – das ist historisch gesehen eine kurze Zeit, sozial- wie familienhistorisch spannt sich jedoch ein weiter Bogen. Während Marie Elisabeth von Humboldt noch die Strapazen einer unbequemen wie langen Kutschfahrt von Berlin nach Tegel kannte und wenig schätzte, reiste Caroline von Humboldt trotz der Gefahren und Unbequemlichkeiten per Kutsche bereits quer durch Europa, und Constanze von Heinz nutzte die Bequemlichkeiten des elektrischen Lichts, des Automobils und des Telefons.

»Gefahren wurde in vier Stunden mit dem Wagen und vier oder sechs Pferden. Gab es doch kein anderes Beförderungsmittel, und Tegel lag damals viel weiter ab von Berlin als heute.

Bald schon hinter dem Weichbild der Stadt hemmte der echte märkische Sand die Gangart der Pferde. Knarrend mahlten die Räder, schwankend wiegte der Wagen die Insassen in leichten Schlummer.

Am Steuerhäuschen und am Chausseehaus, wo der Klingelbeutel aus dem Fenster gereicht wurde, gab es für die Pferde kurze Rast, dann kam das Waldesdunkel der Jungfernheide, wo die Einsamkeit noch in den Siebzigerjahren so groß war, dass bei einer abendlichen Rückfahrt der Tegeler Wagen einen regelrechten Überfall erlitt.

War der Wald durchquert, so kam noch eine heiße, sonnige Strecke, bis die poetische Wassermühle auftauchte und dann der Schatten des Mühlenganges mit seinen alten Platanen am Eingang des Schlossparkes einen umfing.

Dumpf hallten die Hufe der nun wieder antrabenden Pferde auf dem moorigen Grund, und nach kurzer Wendung rasselte der Wagen auf das Pflaster vor dem Haus, ein stets mit Herzklopfen erwarteter Augenblick.«

(in: Anna von Sydow, Gabriele von Bülows Töchter, Berlin 1928)

ZWEI

Marie Elisabeth – eine Frau der Aufklärungszeit

Die Lebensgeschichte der Marie Elisabeth von Humboldt, verwitwete von Holwede, geborene Colomb (1741-1796), scheint eine weibliche Erfolgsgeschichte mit dem Mittel ihrer Zeit, der Heirat, zu sein. Marie Elisabeth Colomb wurde in eine hugenottische Zuwandererfamilie hineingeboren, die bereits im 17. Jahrhundert aus Frankreich hatte fliehen müssen. Die Colombs waren Spiegelfabrikanten und wanderten aus Südfrankreich über Kopenhagen ins Kurfürstentum Brandenburg, wo die glaubensverfolgten Franzosen vom Großen Kurfürsten Friedrich Wilhelm von Brandenburg seit 1685 nach dem Edikt von Potsdam gern aufgenommen wurden. Natürlich wurde nach Vermögen und nützlichen Berufen ausgewählt. Spiegel waren Luxusartikel und die Colombs wurden innerhalb kurzer Zeit wohlhabende Bürger in Neustadt an der Dosse, bevor sie dank ihres erworbenen Vermögens in die Residenz Berlin kommen konnten.

König Friedrich II., König von Preußen und Kurfürst von Brandenburg, empfand sich als aufgeklärter toleranter Monarch. Er hatte weit reichende Pläne für das sandige, arme, zerrissene Land. Mit ihm, dem umfassend gebildeten Monarchen, dessen Vorliebe für die Ideale der französischen Aufklärung in seiner Freundschaft mit dem bürgerlichen Philosophen Voltaire Ausdruck fand, kam Preußens große Zeit. Ein Staat entstand, der mit zwei schlesischen und einem siebenjährigen Krieg schwer erkämpft wurde, in dem jedoch christlichen wie jüdischen Bürgern ungewöhnliche Freiheiten eingeräumt wurden. *»In meinem Staat kann jeder nach seiner Fasson selig werden, so er denn gut zahlender Steuerbürger sei«*, war die Devise des ökonomisch denkenden Königs. Allerdings war in den 46 Jahren der Herrschaft des großen Friedrich II. keinerlei weiblicher Einfluss auf einen Staat möglich, der als militärischer wie verwaltungstechnischer Vorbildstaat ganz Europa beeinflusste. In diesem Preußen war Marie Elisabeth Colomb gewiss gut ›fritzisch‹ gesonnen. Die französischen Zuwanderer hatten beste Entwicklungschancen, Französisch war die Sprache der Höfe und der bürgerlichen Gebildeten. Französische Lebensart beeinflusste Preußen wie keine andere Zuwanderermentalität. Alles Französische galt als chic und nachahmenswert. Es war noch die Zopf- und Perückenzeit, die Zeit des Rokoko mit allen Verspieltheiten der Mode, die über die Höfe die adligen wie bürgerlichen Haushalte erreichte. Aber auch die Umgangsformen verfeinerten sich, die Hugenotten brachten die Gabel nach Berlin – ein wenig Übung gehörte natürlich dazu, sie zu benutzen. Vor allem die Küche wurde bald französisch geprägt, bis hin zur Armenküche. Bis heute erinnert die Berliner Bulette an solche Alltagseinflüsse.

Marie Elisabeth muss in bürgerlich gediegenen Verhältnissen erzogen worden sein. Ziel der Mädchenbildung war es, eine gute Partie abzugeben. Nicht nur die Mitgift entschied, sondern auch die Fähigkeiten der Frau zur Führung eines Hauses, in dem sie den Besitzstand ihres Mannes zu repräsentieren hatte. In einem wohlhabenden französischen Bürgerhaus wurden Privatlehrerinnen en-

Marie Elisabeth von Humboldt
Gemälde, unbekannter Maler

gagiert, die in allen für ein Mädchen ihres Standes wichtigen Fächern wie Sprachen, Musik und Tanz, Handarbeiten, aber auch einfache Mathematik für die ökonomischen Feinheiten der Haushaltsführung unterrichteten. Vor allem den Anstands- und Etiketteregeln galt große Aufmerksamkeit, schließlich sollten sich die jungen Frauen in der Gesellschaft bewegen können.

Die junge Marie Elisabeth wuchs in einer bewegten Zeit heran. In Paris war, als Gegenbewegung zur Abgeschlossenheit des absolutistisch regierenden luxuriösen Hofes des Sonnenkönigs Ludwig XIV., eine bürgerliche Geselligkeitskultur entstanden, die Salons. In den Pariser Salons unter der Leitung gebildeter und gesellschaftlich gewandter Salonnièren trafen sich adlige und bürgerliche Männer und Frauen zur Diskussion neuer Ideale junger Philosophen wie Denis Diderot, Voltaire und Rousseau. Hat Marie Elisabeth von ihrer Gouvernante von diesen Salons gehört oder gar eine der Schriften gelesen, in denen dem Adel des Geistes der Vorzug gegeben wurde vor dem Adel der Geburt? Die Rückkehr zur Natur und zu den individuellen Werten eines jeden Menschen wie Liebe, Treue, Freundschaft wurden heftig diskutiert. Lesen wurde modern, es entstanden öffentliche Bibliotheken, Lesegesellschaften und private Lesezirkel. Haben Marie Elisabeth solche aufregenden wie aufrührerischen Schriften erreicht? Wenn ja, dürfte das auf ihren Lebensweg keinen erkennbaren Einfluss genommen haben, denn sie wurde von den Eltern traditionell mit achtzehn Jahren verheiratet. Ihr erster Ehemann, Friedrich Ernst von Holwede, war nicht nur wohlhabender Gutsbesitzer und Militär, sondern auch von Adel. Eine hervorragende Partie für Marie Elisabeth, die auf ihre jugendliche Schönheit und vor allem auf ihre bemerkenswerte Mitgift schließen lässt – beides konnte eine solch vorteilhafte Heirat beeinflussen. Es handelte sich bei ihrem Ehemann auch nicht um einen Hugenotten. In der französischen Kolonie blieb man gern unter sich. Eine Ehe außerhalb der hugenottischen Traditionen wurde nur dann in Erwägung gezogen, wenn sie sehr lukrativ war. Immerhin scheint es sich um eine freundliche Verbindung für beide Partner gehandelt zu haben.

Marie Elisabeth von Holwede gebar einen Sohn, Heinrich Friedrich Ludwig Ferdinand, der später wie sein Vater Rittmeister wurde. Als ihr erster Mann nach sechs Ehejahren verstarb, hinterließ er eine überaus vermögende junge Witwe. Ihr gehörte nicht nur das sogenannte Colombsche Haus, das spätere Humboldtsche Winterpalais, heute das Gebäude der Brandenburgischen Akademie der Wissenschaften in der Jägerstrasse 22 am Gendarmenmarkt, sondern auch Landbesitz in Falkenberg bei Berlin und das Erbpachtgut Tegel sowie das Gut Ringenwalde bei Soldin in der Neumark. Alles in allem ein bedeutender Besitz.

Da dürfte es genügend Bewerber um die Hand der Marie Elisabeth gegeben haben und vielleicht hat sie bewusst und sorgfältig gewählt. Denn eine Witwe konnte nicht nur über ihren Besitz selbst verfügen, sondern hatte auch innerhalb der Gesellschaft vielfältige Freiräume, zu denen die selbstbestimmte Auswahl eines neuen Ehemannes gehörte. Ihre Wahl fiel auf den Kammerherrn und Major Alexander Georg von Humboldt (1720–1779). Die zweite Eheschließung fand 1766 statt, die Braut war 25 Jahre und der Bräutigam bereits 46 Jahre alt. Ein solcher Altersunterschied war damals üblich, vor allem, wenn der Ehemann bislang keinen finanziellen Grund für eine Eheschließung gesehen hatte.

Bei der Verbindung mit Alexander Georg von Humboldt allerdings könnte es sich für beide um eine Neigungsehe gehandelt haben, denn der Kammerherr war als intelligenter, vielseitiger und umgänglicher Mann allseits beliebt. Seinerseits war das beträchtliche Vermögen Marie Elisabeths gewiss ein gewichtiger zusätzlicher Grund für die Eheschließung. Sie wusste ihrerseits seine Adelszugehörigkeit zu schätzen und kannte den Nutzen von höfischen Verbindungen, wie sie Alexander Georg besaß.

Die Humboldts oder Humpolts stammten aus Pommern. Der Großvater war 1738 mit dem Erbadelsprädikat ausgezeichnet worden und die Familie durfte sich von nun an »von Humboldt« nennen. Der Enkel Alexander Georg von Humboldt hatte mit diesem Adelsprädikat alle Chancen in Preußen, obwohl es sich um einen sehr jungen Adel handelte. Er nahm als Major nach einer Verletzung den Abschied aus der preußischen Armee und wurde Kammerherr bei der ersten Gemahlin des späteren preußischen Königs Friedrich Wilhelm II., Prinzessin Elisabeth von Braunschweig-Wolfenbüttel. Deren Ehe wurde 1769 geschieden und somit war Major von Humboldt Privatier. Er blieb dem Hof allerdings weiterhin verbunden, erhielt jedoch keine Dotationen, also keinerlei Bezahlung oder Zuwendungen in Form von Geschenken.

Nach der Eheschließung mit Marie Elisabeth und dank des nun stattlichen gemeinsamen Familienvermögens waren die Humboldts von jetzt an finanziell unabhängig vom Dank oder Undank des preußischen Königshauses. Die Verwaltung des Vermögens lag nach der geltenden Rechtsbindung nun wieder beim Familienoberhaupt.

Marie Elisabeth gebar zwei Söhne: am 22. Juni 1767 in Potsdam Wilhelm und am 14. September 1769 Alexander in Berlin im bereits erwähnten ›Colombschen Palais‹. Das Ehepaar war sich einig: Die Söhne sollten für den Staats- und Hofdienst Preußens erzogen werden. In einer Zeit, die adlige Herkunft über alles stellte, galten die Humboldt-Söhne manchen altadligen Familien ihrer bürgerlichen Mutter mit hugenottischer Herkunft und des jungen Adelstitels der Humboldts wegen als ›Bastarde‹. Dieser Makel sollte durch eine gediegene Bildung der Söhne wettgemacht werden.

Beide Elternteile waren gewiss von den Idealen der Frühaufklärung geprägt. Nur so ist zu erklären, dass vom Vater Alexander Georg von Humboldt gegen 1770 Joachim Heinrich Campe als Hauslehrer für die Söhne berufen wurde. Campe galt als begeisterter Anhänger des Genfer Bürgers und aufgeklärten Philosophen Jean Jacques Rousseau. Rousseaus Gedanken: *»Sind wir nicht alle nur Menschen, ehe wir einer Rasse, eine Religion oder arm und reich zugehören, sind wir nicht alle nur Menschen?«* teilte er voller Enthusiasmus. Erziehung im Sinne der Aufklärung hieß, dem Kind nach seinen Anlagen die Möglichkeit einer freien individuellen Entfaltung anzubieten. Diese neuen, wunderbaren Ideen – sie verbreiteten sich durch ganz Europa – brachte Campe seinen Zöglingen Wilhelm und Alexander nahe.

Es scheinen für Marie Elisabeth glückliche Jahre gewesen zu sein, bis Alexander Georg von Humboldt 1779 verstarb.

Die zweifache Witwe Marie Elisabeth stand im 38. Jahr und hatte für die Erziehung dreier Söhne Sorge zu tragen. Das Vermögen musste verwaltet und möglichst vermehrt werden. Marie Elisabeth von Humboldt, als ehemals Bürgerliche und Französin, war gewiss von der Wichtigkeit, ihren Söhnen den Weg in die Hofgesellschaft zu ebnen, erfüllt. Und wie bei vielen Menschen von Ehrgeiz, ging es von nun an in ihrem Hause strenger zu, als wohl notwendig gewesen wäre. Sie wurde von ihren Söhnen als eine wenig warmherzige Frau geschildert, als sittenstreng, kühl und förmlich. Die traditionellen Erwartungen, die in ihrem Verständnis an eine zweifach verwitwete Frau mit jungen Söhnen gestellt wurden, erfüllte sie offensichtlich überaus zuverlässig.

Für uns heute erscheint sie als noch junge Witwe, im Verständnis des 18. Jahrhunderts allerdings war sie bereits im fortgeschrittenen Alter. Dennoch wäre, vor allem bei der gegebenen Vermögenslage, eine dritte Ehe denkbar gewesen, eine Möglichkeit, die sie nicht ergriff.

Im Haushalt der Marie Elisabeth von Humboldt im Colombschen Palais lebten vom Tode ihres zweiten Mannes an nicht nur der Sohn aus der ersten Ehe, sondern auch Holwedsche Verwandte. Der Alltag wurde als minutiös gleichförmig und ohne gesellschaftliches Engagement dargestellt. Sie selbst saß, mit der Witwenhaube und in stets dunkler Kleidung, mit Handarbeiten beschäftigt, im Wohnraum und wies das Personal an, empfing Besuche unter Einhaltung strikter Etikette und widmete sich den

Verwandten. Mit ihnen spielte sie die beliebten Kartenspiele und sprach über die neuesten Ereignisse in der Residenz Berlin.

Es ist nicht überliefert, ob sie gern las oder Besuche erwiderte, sich also geistig gewandt zeigte. Dennoch muss sie weitsichtiger gewesen sein, als sie bisher geschildert wurde.

In welche Gesellschaft hätte sie sich auch einbringen können? Als von Geburt bürgerliche Hugenottin war ihr die Hofgeselligkeit versagt, mit einem Adelsprädikat versehen, passte sie nicht in ihre hugenottischen Gesellschaftskreise. Ihr dürfte diese Zerrissenheit bewusst geworden sein und so blieben ihr als gesellschaftlich anerkannte Verhaltensweisen nur die Sittsamkeit des Witwenstandes und die Sorge um die Zukunft ihrer Söhne.

Bereits der Vater Wilhelms und Alexanders hatte Gottlob Johann Christian Kunth, den hochbegabten zweiten Erzieher der Söhne, eingestellt. Er übernahm nach Abschluss der Ausbildung der Humboldt-Söhne auf Marie Elisabeths Bitte hin die Verwaltung des Humboldtschen Vermögens bis zu ihrem Ableben. Anzunehmen ist jedoch, dass sie die grundlegenden finanziellen Entscheidungen selbst traf bzw. den Verwalter anwies.

Gottlob Kunth war von den Ideen der Aufklärung fasziniert und es ist denkbar, dass die Schriften Voltaires, Rousseaus, Diderots und Kants zwischen Hausherrin und Erzieher diskutiert wurden. Vielleicht war Marie Elisabeth von Humboldt auch schon durch ihre Gouvernante von Jugend an belesen. Die Ideen der Aufklärung könnten auch ein Thema in ihrer Ehe mit Alexander Georg von Humboldt gewesen sein. Wir wissen es nicht. Da sie sich regelmäßig Bericht zur Entwicklung ihrer Söhne erstatten ließ, ist es denkbar, dass über Gottlob Kunth geistige Anregung und ein intellektueller Austausch in ihr zurückgezogenes Witwendasein gebracht wurden.

Gottlob Kunth wurde mit den Söhnen nach dem ländlichen Tegel beordert, ganz im Rousseauschen Sinne sollte die Natur ihre Wirkung tun. »Schlösschen Langeweile« nannten es die Heranwachsenden. Die Söhne sahen also die Mutter – wie vordem beide Eltern – nur an festgelegten Tagen, um über ihre Studienfortschritte zu berichten. Das Verhältnis war traditionsgerecht von Achtung und Respekt, also einer äußerlich kühlen Form des Aufeinandertreffens, bestimmt. Die Kinder sagten zu ihren Eltern selbstverständlich ›Sie‹, wie sich auch die Ehepartner siezten, meist bis ins Ehebett, was bei arrangierten Ehen einen gewissen Abstand betonte. Das mag bei den Humboldt-Eltern nach außen ähnlich gewesen sein. Herzlichkeit und liebevolles, heiteres Aufeinanderzugehen waren bei solchen Gepflogenheiten dennoch denkbar. Es wäre also keinesfalls richtig, daraus ohne Hinterfragung auf eine lieblose Kindheit der Humboldt-Brüder zu schließen. Aus Religion, Staatsverständnis und Disziplin prägte Preußen seine Tugenden. Marie Elisabeth als Preußin der Zeit des großen Friedrich II. lebte genau diese Werte, die für eine Frau durchaus eine Erweiterung der alten Tugenden zuließen. Ein interessanter Beweis für ihre Toleranz in diesen Zusammenhängen war die Erlaubnis für ihre jugendlichen Söhne, das jüdische Haus des Dr. Markus Herz und seiner schönen Frau Henriette besuchen zu dürfen. Dr. Herz »öffnete sein Haus« an den Donnerstagabenden, um vor allem Kant zu lesen, zu referieren und zu debattieren. Es kamen nicht nur aufklärerisch gesonnene Juden, sondern auch im selben Sinn verbundene Bürger und adlige Diplomaten. Henriette Herz, eine sehr junge Frau, gab bald in ihrem Zimmer für die jungen Leute eigene Abende. Hier fanden sich die Humboldt-Brüder ein. Die Abendgesellschaft einer Jüdin zu besuchen, war mehr als ungewöhnlich, grenzte 1785 an eine kleine Umwälzung in Berlin. Wäre Marie Elisabeth von Humboldt eine engstirnige, ängstlich auf Reputation bedachte Dame der Gesellschaft gewesen, hätte sie ihren Söhnen den Besuch eines jüdischen Hauses eindeutig untersagt.

Obwohl mit der Volljährigkeit der Söhne der Kontakt zur Mutter normalerweise auf die als selbstverständlich angesehenen Höflichkeitsbesuche zum Zeichen ›kindlicher Dankbarkeit‹ beschränkt blieb, muss Marie Elisabeth weiterhin interessierten Anteil am Leben der erwachsenen Söhne genommen haben, wie sich aus den Briefen Wilhelms und Alexanders herauslesen lässt.

Als sie mit 55 Jahren und nach längerer Krankheit verstarb, war Wilhelm erst seit vier Jahren verheiratet und die Enkelkinder Caroline und Wilhelms waren der Großmutter im fernen Berlin noch nicht vorgeführt worden. Mit der Geburt eines Enkelsohnes waren die weitere Erbnachfolge und der Erhalt des Namens gesichert. Das wird für Marie Elisabeth wichtig gewesen sein. Wie weitschauend sie dachte, geht aus ihrer Vorsorge für die Familiengrabanlage in Falkenberg hervor. Sie hatte die Anlage 1791 nach dem neuesten ›ägyptischen Stil‹ gestalten lassen, was für ihren modernen Kunstsinn spricht. Das Gut Falkenberg wurde von ihr in eine Stiftung umgewandelt, nicht nur für die Erhaltung der Kirche mit der Grabanlage, sondern für genau festgelegte soziale Zwecke. Zu diesen zählten Schulprämien für besonders begabte und fleißige Schüler und für eine Gehaltszulage des Dorfschullehrers. Heute ist die Holwede-Humboldtsche Gruftanlage wieder restauriert und kann auf dem kleinen Dorffriedhof Falkenberg besucht werden.

Mit ihrem Ableben kamen die beiden Humboldt-Söhne in den Genuss eines hervorragend verwalteten und vermehrten Vermögens, das es ihnen ermöglichte, ein freies, unabhängiges Leben führen zu können. Dankbarkeit gegenüber der Mutter oder eine liebevolle spätere Erwähnung in den Briefen der Söhne sind nicht bekannt geworden.

Die Betrachtung der vorliegenden biografischen Überlieferungen des Lebens der Mutter der Humboldt-Brüder zeigt das Bild einer pflichtbewussten, verschlossenen, auf jeden Widerstand gegen die Konventionen verzichtenden, auf den Erhalt des guten Namens achtenden Dame ihres Standes. Marie Elisabeth trug mit ihren Entscheidungen zur Sicherung der sozialen Stellung einer Familie bei, die aus dem Bürgertum zum Erbadel aufgestiegen war. Im beruflichen Erfolg ihrer Söhne sah sie die Bestätigung ihrer Lebensziele. Die ungewöhnlich moderne, aufgeklärte Bildung der Söhne wurde durch sie unterstützt und getragen. Interessant ist, dass sich eine bewusst gelebte oder gar nach außen getragene Religiosität bei Marie Elisabeth von Humboldt nicht nachweisen lässt. Auch das lässt ihre Hinneigung zur Aufklärung vermuten.

Als die Söhne ihre Studien an den Universitäten Frankfurt an der Oder und Göttingen abgeschlossen hatten und Wilhelm noch vor vollendeter Berufsausbildung um die

Einwilligung der Mutter zur Eheschließung mit der wohlhabenden Caroline von Dacheröden bat, verwehrte sie ihm diese nicht. Zwischen Bürgertum und Adelsanspruch stehend, war sie über die Wahl ihres Sohnes Wilhelm, die Landadlige Caroline von Dacheröden zu heiraten, zwar nicht begeistert. Vielleicht schwebte ihr als geeignete Ehefrau eher ein junges Mädchen aus dem alten Berliner bzw. preußischen Adel vor. Doch sie gab ihre Einwilligung gewiss aus drei Beweggründen: Die Dacherödens waren erbadlig, also standesgemäß. Sie besaßen ausreichendes Vermögen, das Wilhelm und Caroline in den Stand setzte, eigenständig und ohne Abhängigkeiten leben zu können. Und mit einer weiteren Adelsheirat sicherten die Humboldts ihre adlige Zugehörigkeit in der nächsten Generation ab.

Frau von Humboldt war gewiss pragmatisch genug, die Vorteile der Adelszugehörigkeit am Ende des 18. Jahrhunderts über die ideellen bürgerlichen Werte zu stellen. Zwar hatte das Feuer der Umwälzungen der Großen Französischen Revolution seit 1789 Europa in Unruhe versetzt, aber Marie Elisabeth von Humboldt war nun eine alte Dame, die sich von diesen Ereignissen nicht mehr grundlegend beeinflussen ließ.

Als sie 1796 verstarb, begann in Preußen soeben eine neue Zeit. 1797 kam mit König Friedrich Wilhelm III. und der schönen Luise von Preußen ein »Bürgerpaar auf Preußens Thron«, wie sie in ganz Europa leicht missbilligend genannt wurden, ein Ehepaar, das nach aufgeklärten Prinzipien mit sich selbst und seinen Kindern liebevoll umging, sich duzte und offen seine Gefühle nach außen trug.

Für die konventionelle Marie Elisabeth von Humboldt war die nachfolgende weibliche Generation in Adel und Bürgertum mit ihrem Anspruch, die aufklärerischen Ideale in einen weiblichen Lebensentwurf ohne starre Etikette und festgefahrene Traditionen münden zu lassen, eine fremde Welt. Sie hatte den Weg Preußens vom zersplitterten unbedeutenden Königreich hin zum Staat unter dem großen Friedrich erlebt. Sie wurde in einer 46-jährigen Regentschaftszeit geprägt, die einen geachteten Staat in Europa schuf, mit Tugenden wie Disziplin, Gehorsam und Ordnungsliebe, die bis heute die Köpfe bewegen, wenn es um Wertediskussionen geht.

Das Zeitalter der Aufklärung prägte und beförderte eindeutig den Aufstieg der Familie von Humboldt. Das änderte jedoch noch nichts an der Lebensführung der Marie Elisabeth von Humboldt. Ihre emotionale, aufbegehrende, idealistische, auf ihre persönliche weibliche Integrität beharrende Schwiegertochter Caroline dürfte ihr vielleicht auch in ihrer erotischen Ausstrahlung und Lebenslust fremd geblieben sein.

DREI

Caroline – die emanzipierte Salonnière

Der Vater Carolines, Carl Friedrich von Dacheröden (1732-1809), quittierte kurz nach seiner Eheschließung den Dienst und beschäftigte sich mit seinen privaten Studien und Liebhabereien. Die Dacherödens gehörten zum thüringischen Landadel und stellten sich als Beamte in preußischen Dienst. Schloss Burgörner bei Erfurt war neben einem patrizischen Erfurter Stadthaus und weiteren Besitzungen, wie dem Gut Auleben bei Nordhausen, ihr Hauptwohnsitz. Carl Friedrich von Dacheröden hatte als Präsident der preußischen Kriegs- und Domänenkammer in Minden auch Kontakte zum Kammerherrn von Humboldt in Berlin gehabt. Seine Frau Ernestine, geb. von Hopfgarten, verstarb bereits 1774 und hinterließ die Kinder Ernst und Caroline Friederike. Die Mutter wurde von ihrer Tochter als liebevolle, stille und anmutige Frau geschildert, deren Tod den Vater so tief traf, dass er sich nicht wieder verheiratete, obwohl das im Stil der Zeit als selbstverständlich erschienen wäre, da zwei Kinder zu versorgen waren. Carolines Vater muss ein hochintelligenter, technisch begabter und neuen Ideen gegenüber aufgeschlossener und vielseitiger Mann gewesen sein. Er interessierte sich als erster in Deutschland für die Anwendung der englischen Dampfmaschine in der Landwirtschaft. Vor allem aber scheint er sich seinen Kindern hingebungsvoll zugewandt und deren Erziehung zu seinem Hauptanliegen gemacht zu haben.

Er gab im Stil der Erziehungsprinzipien des aufgeklärten Landadels seiner Tochter eine französische Erzieherin.

Einfluss auf Carolines Bildung nahm jedoch vor allem der Lehrer ihres Bruders, der Rousseau-Anhänger Rudolf Becker, der wohl auch die Voraussetzungen für ihr lebenslanges Bildungsinteresse schuf. Bruder und Schwester gemeinsam unterrichten zu lassen, war nicht allgemein verbreitet. Der Vater schätzte die Fähigkeiten der Gouvernante nicht hoch ein und war als bekennender Frühaufklärer an einer weitreichenden Bildung für seine Tochter interessiert.

Durch den frühen Tod der Mutter zeigte Caroline offensichtlich eine tiefe Sehnsucht nach Liebe und Zuwendung, die durch den Vater bei aller gegenseitiger Zuneigung nicht gestillt werden konnte. Dennoch blieb ihr der Vater Vorbild und engster Vertrauter, wofür die regelmäßigen Briefe, die sie bis zu seinem Tod an ihn schrieb, liebevolle Belege darstellen. Der frühe Tod des Bruders Ernst unterstützte die für die Etikette der Zeit ungewöhnliche Bindung zwischen Vater und Tochter, die wiederum ihre Spuren in Carolines Denkfähigkeit und ihrem Urteilsvermögen hinterließ. Gelesen und debattiert wurden im Haus Dacheröden vor allem die Literaten, die erstmals die deutsche Sprache als Sprache des Geistes und der Poesie betrachteten. Lessing, Wieland, Herder und Gleim boten mit ihren neuen bürgerlich geprägten Themen viel Stoff zur politisch-literarischen Diskussion. Caroline soll eine begeisterte Leserin gewesen sein.

Die Heranwachsende bestach vor allem durch ihren Charme und ihre offenen Umgangsformen. Mit ihren

Caroline von Humboldt
Gemälde von Gottlieb Schick, 1808

dunklen Locken, die sie der neuesten französischen Mode entsprechend nicht mehr auftoupierte und puderte, sondern offen bis auf die Schultern trug, war sie die Verkörperung einer jungen Frauengeneration, die nach eigenen, moderneren Lebensformen suchte. Der Vater ließ ihr viele Freiheiten in der Wahl ihrer Freunde, was für eine Tochter aus bestem Hause sehr ungewöhnlich war. Gäste waren auf Gut Burgörner jederzeit willkommen, vor allem im Sommer traf man sich auf den Gütern der Umgebung.

Im Winter suchte man in Erfurt die Gesellschaft des Statthalters des Kurfürsten von Mainz, Karl von Dalberg, in dessen Residenz. Hier bildeten Lesungen, Tanz und intellektuelle Diskussionen einen ungewöhnlichen gesellschaftlichen Rahmen für die Heranwachsende. Die revolutionären Ereignisse in Paris, die Forderungen nach politischen Veränderungen waren die Tagesthemen des als franzosenfreundlich bekannten Karl von Dalberg. In dieser illustren Umgebung diskutierten die adligen Damen und Herren vor allem die Werke des deutsch schreibenden Bürgersohnes Johann Wolfgang Goethe aus Frankfurt am Main, der im nahen Weimar zum Olympier aufstieg. Mit seinem 1774 erschienenen Liebesroman *Die Leiden des jungen Werther* hatte eine neue Ära der Literatur begonnen und eine junge Generation ihr emotionales Vorbild gefunden. Weg von der Etikette und hin zum wichtigsten menschlichen Wert: der Liebe. Das wurde an einem solchen Abend in Erfurts Elitegesellschaft emphatisch befürwortet, aber wie lebte eine junge Frau ihre Liebesansprüche in der Realität? Noch war alles Sturm und Drang. Auf die empfindsame Caroline müssen diese Gespräche großen Einfluss genommen haben.

Im Januar 1781 wurde auf der Mannheimer Bühne unter Friedrich von Dalberg, dem Bruder des Erfurter Statthalters, ein revolutionäres Stück mit allergrößtem Erfolg gegeben: *Die Räuber* des 22-jährigen Friedrich Schiller, eines Kleinbürgersohnes aus bescheidenen schwäbischen Verhältnissen. Die aufklärerischen Ideale bekamen in der deutschen Literatur ein Sprachrohr, das die jungen Leute mitriss. Sie wollten nicht mehr nach Stand und Sitten ein tugendhaftes Leben im Stile der Eltern leben, sondern sie träumten davon, Liebe, Treue, Freundschaft selbst leben zu können. Das verband die jungen Männer und die jungen Frauen aus Adel und Bürgertum, denn Lesen war moderner denn je.

Schon in der Mitte des 18. Jahrhunderts hatten die neuen verbesserten Druckmaschinen die Voraussetzung für preiswertere Bücher geschaffen und auch in der Elterngeneration hatten sich schon einige fürstliche Bibliotheken und Kunstsammlungen für gebildete Bürger geöffnet, um philantropischen Idealen eine praktische Wirkung zu geben. Nun kam das neue Bildungsideal für Mädchen und Frauen, die Forderung nach breiterer Bildung, hinzu und damit der Wunsch nach einer ganz neuen Lebensqualität jenseits von Pflichtehe und Standesdünkel. Es blieb nicht nur beim Lesen und Wünschen. Die philosophischen Darstellungen und vor allem die Romane waren voller theoretischer Angebote. Caroline sog die Atmosphäre dieser Zeit und ihrer Literatur, die ihrem Liebesbedürfnis entgegenkamen, gierig auf.

Zu ihren Freunden und Verehrern zählte Carl von La Roche. Dessen Mutter Sophie von La Roche hatte sich als erste Schriftstellerin deutscher Sprache mit ihrem Frauenroman *Die Geschichte des Fräuleins von Sternheim* einen Namen gemacht. Caroline war eine ihrer glühenden Anhängerinnen, nicht nur der Romane wegen, sondern auch weil Sophie von La Roche eine berühmte, bewunderte und von vielen Frauen nachgeahmte Literatin war.

Carl von La Roche gehörte einem schwärmerischen wie ungewöhnlichen gesellschaftlichen Kreis im preußischen Berlin an: dem ›Tugendbund‹ um die schöne Jüdin Henriette Herz.

In dieser Vereinigung trafen sich Frauen und Männer im Zeichen der neuen Tugenden, vor allem der der Freundschaft. Die Tugendbündler wussten um ihre Exklusivität. Es war die erste Geselligkeit in der preußischen Residenz Berlin, in der sich sehr junge Männer und Frauen – sie waren fünfzehn, siebzehn und neunzehn Jahre jung – aus Adel, Bürgertum und Judentum in einem jüdischen Hause begegneten. Aus heutiger Sicht kann man von einer Jugendbewegung sprechen, die nun ganz praktisch im Sinne der Aufklärung den Adel des Geistes über den Adel der Geburt zu stellen gewillt war. Henriette Herz war im Kreis um den berühmten Reformer des Judentums, Moses Mendelssohn, und dessen Freund Lessing aufgewachsen und gebildet worden. Moses Mendelssohn vertrat die Ansicht, dass jüdischen Mädchen und Jungen die gleichen Bildungschancen ermöglicht werden sollten. Bildung ermögliche den Ausbruch aus der geistigen Enge des orthodoxen Judentums hin zur Anerkennung durch eine christliche Gesellschaft, die das Judentum bisher verachtete. Es kam letztlich zur Emanzipation des preußischen Judentums, in die die jungen Frauen aus den großbürgerlichen jüdischen Berliner Familien durch ihren Bildungsaufbruch eingebunden wurden. Nach ihrer arrangierten Verheiratung mit dem bedeutenden jüdischen Arzt und Kantianer Dr. Marcus Herz wurde die fünfzehnjährige Henriette der Mittelpunkt jenes jugendlichen Kreises, den wir heute als ersten jüdischen Salon Berlins bezeichnen.

Carl von La Roche schilderte Caroline den Freundschaftskult des Tugendbundes, dessen Mitglieder sich das brüderlich-schwesterliche ›Du‹ boten, gewiss mit bewegten Worten. Caroline beschrieb ihre Begeisterung für derartige Zirkel ihren engsten Freundinnen: Caroline von Lengefeld, inzwischen verehelichte von Beulwitz, und Charlotte von Lengefeld im thüringischen Residenzstädtchen Rudolstadt. Die Schwestern wurden wie Caroline von Dacheröden korrespondierende Mitglieder und hofften in der Provinz auf Anregungen und Begegnungen aus Berlin.

Mitglieder des Tugendbundes wurden auch Wilhelm und Alexander von Humboldt. Sie hatten ihre Mutter um Erlaubnis gebeten, bei der bekannten Madame Henriette Herz Hebräischunterricht nehmen zu dürfen, um »die Bibel im Original lesen« zu können.

Marie Elisabeth gestattete den Söhnen den Besuch des jüdischen Hauses. Das kann als Zeichen ihrer aufgeklärten Sichtweise und als bemerkenswerte Großzügigkeit gelten. Wilhelm war bald der umschwärmte Mittelpunkt der jungen Damen des Tugendbundes. Die jungen Leute theoretisierten und alberten jugendgerecht miteinander. Einer der Träume des Kreises war wohl, dass unter ihnen ein Beispiel gegeben werden könnte. Wäre es nicht denkbar, dass sich Wilhelm in eine der schönen, klugen, reichen Jüdinnen des Tugendbundes verlieben könne? Dass eine Ehe über Standes- und Religionsgrenzen hinweg die Ideale lebendig werden ließe? Es blieben Träume, denn in der Realität blieben Stände und Religionsgemeinschaften weiterhin streng geschieden.

Wilhelm verliebte sich nicht in eine Tugendbundfreundin, sondern erst einmal in Therese, die Ehefrau des Weltreisenden und Forschers Georg Forster. Es begann ein überaus empfindsamer Briefwechsel zwischen Wilhelm und Therese mit der gegenseitigen Beteuerung ewiger Zuneigung.

Bei einer Begegnung in Berlin schwärmte Carl von La Roche dem Freund Wilhelm von der schönen wie klugen Caroline vor und vermittelte auch die briefliche Bekanntschaft zwischen beiden, die ganz im Stil schwärmerischer Werthernachfolge geführt wurde. Für die heutigen Leserinnen und Leser mag es lächerlich klingen, was da an Sehnsüchten formuliert wurde. So schrieb Caroline an den ihr noch unbekannten Wilhelm in Erwartung eines endlich in Aussicht gestellten Besuches Wilhelms während der für ihn vorgesehenen pflichtgemäßen ›Kavalierstour‹. Diese Reise, meist nach Paris oder Rom, mussten die adligen jungen Männer absolvieren, um an Weltläufigkeit zu gewinnen und um sich an den Höfen zu präsentieren.

Caroline schrieb:

»Ach, mit welcher ängstlichen Sehnsucht habe ich Deiner die 14 Tage geharrt, die Carl hier war. Wie oft habe ich ihn in der Laube, die Du kennst, gefragt, ›wird Wilhelm heut kommen‹ Lass mich nicht immer so vergebens hoffen ... Carl mag etwas ausdenken ... ein zeigbares Empfehlungsschrei-

ben oder sonst etwas ... Lebe wohl, mein Freund, mein Bru-
der, mein teuerer Wilhelm, lebe wohl und gib meiner Bitte
Gehör.« (18. Juli 1788))

Nach einiger Überlegung fand Wilhelm die Möglichkeit, auf der Durchreise einen Besuch auf Schloss Burgör- ner abzustatten. Denn so traditions- und respektlos eine heimliche Begegnung ohne Rücksicht auf den Vater her- beizuführen, das wäre dann doch zu weit gegangen. Nun besuchte er offiziell Herrn von Dacheröden als ehemali- gen Bekannten seines verstorbenen Vaters und um die in Deutschland erstmalig eingesetzte Erntedampfmaschine zu besichtigen. Die erwartungsvolle Caroline mag man- che List eingesetzt haben, um Wilhelm in »der verschwie- gen-heiligen Laube am Ende des Parkes« unbeobachtet begegnen zu können.

Die zwei jungen Leute in der empfindsamen, stür- menden, drängenden Frühzeit romantischer Selbstfin- dung stellten fest, wie ähnlich sie lasen, dachten, fühlten, träumten. Sie stellten auch fest, dass sie aus demselben Stall kamen, beide waren von jungem Adel, beiden winkte ein erhebliches Erbe. Das versprach manchen Traum Wirklichkeit werden zu lassen. Am Beginn dieser schick- salhaften Begegnung zweier sich ähnlicher Menschen, die zu einer lebenslangen Verbindung führen sollte, war allerdings noch viel spielerische Übertreibung zu finden. Der nach Wilhelms Weiterreise nach Paris beginnende heftig-emotionale Briefwechsel zwischen beiden wurde ganz im Wertherschen Geiste geführt:

»Ach, Lina, ... Der Gedanke der Trennung hat meine
Seele noch keinen Augenblick verlassen, ... ich kann selbst

meinen vertrauten Freunden ... noch nicht wieder das sein,
was ich ihnen sonst war. Ich bin zu voll von dem Gefühl,
Dich besessen und wieder verloren zu haben ... Lebe nun
wohl, Freundin meiner Seele, Geliebte, Schwester! Lebe
wohl, sei glücklich, o! Lina, du wirst geliebt und wer geliebt
wird, ist nie ganz unglücklich. Lebe wohl und liebe ewig Dei-
nen Wilhelm.«(28. August 1788)

Im kommenden Jahr 1789 kam Wilhelm mehrfach nach
Burgörner. In diesem Jahr begann in Paris die Große Französische Revolution mit ihrem Ruf nach Freiheit, Gleichheit, Brüderlichkeit die europäische Adelswelt ins Wan-
ken zu bringen. Wilhelm war mit seinem Erzieher Campe
in Paris gewesen. Sie wollten »dem Leichenbegängnis des
französischen Despotismus« an Ort und Stelle begegnen.
»Das Streben der Völker nach Freiheit ... nach Menschen-
rechten« verkörperte ihr Ideal. Drei Wochen weilten sie in
Paris. Für Wilhelm wurde hier der briefliche Austausch
mit Caroline auch zum intellektuellen Bedürfnis.

Caroline erkannte wohl zuerst ihre Gefühle für den
preußisch zurückhaltenden Wilhelm von Humboldt. Beim
nächsten Besuch stellte sie ihn ihren engsten Freundinnen, den Schwestern Lengefeld, vor. Caroline von Lengefeld war mit sechzehn Jahren eine Zweckehe mit dem Le-
gationsrat von Beulwitz eingegangen, eine unglückliche
Ehe, an der sie seelisch wie körperlich litt. Die Literatur
war ihr alles, Gegenwelt und Selbstfindungsmaterial. Sie
schrieb Romane, noch im Geheimen. Charlotte, die unver-
heiratete Schwester, war sprachlich begabt, nicht so tem-
peramentvoll wie die sinnlich ausstrahlende Caroline.
Beide waren nach dem Sommer 1788, den sie gemein-

sam mit dem revolutionär-genialen, bewunderten Friedrich Schiller verbracht hatten, in diesen verliebt und auch Schillers Gefühle hatten sich in verwirrender Weise beiden zugewandt. Schiller schob eine Entscheidung vorerst hinaus.

Wie ähnlich waren sich doch die Probleme der Paarsuche in freiheitlicher Gegenseitigkeit! Caroline von Dacheröden musste sich zwischen Carl von La Roche und Wilhelm entscheiden, Wilhelm schwankte zwischen Therese Forster und Caroline, und Schiller stand vor der Wahl, eine der Schwestern von Lengefeld als seine Ehefrau zu wählen. Das gab empfindsamen wertherschen Gesprächs- und Briefstoff in Fülle.

Im Falle Carolines zog sich Carl taktvoll zurück und Therese Forster zog letztlich Huber, den engsten Freund Schillers, vor. Friedrich Schiller wiederum wählte, wie bekannt, Charlotte von Lengefeld als Gattin. Sie heirateten am 22. Februar 1790 in Wenigenjena. Die Freunde waren zur Hochzeit nicht anwesend. Es handelte sich schließlich um eine Mesalliance, eine Adlige heiratete einen unbemittelten Bürgerlichen, Genialität hin oder her. Herr von Dacheröden jedenfalls verbot seiner Tochter Caroline die Teilnahme an der Hochzeit und sie beugte sich der väterlichen Entscheidung. So sah die Realität aus.

Am Abend seiner Rückkehr aus dem revolutionären Paris traf Wilhelm von Humboldt die Freundin Caroline ganz offiziell bei einem Ballsouper in Erfurt im Palais des Herrn von Dalberg. Wilhelm war noch von der in Paris herrschenden Stimmung getragen und erregt. In einer Fensternische stellte er die in Briefen schon vorbereitete

Frage: *»Wirst Du mit mir glücklich sein können, Lina?«* Caroline bejahte aus voller Überzeugung mit den Worten: *»Von jetzt an für immer vereint.«* Es war der 16. Dezember 1789.

Noch unter dem Eindruck der Verlobung betonte Caroline in ihrem Brief an Wilhelm nach Berlin am 14. Januar 1790: *»Nie werde ich es aussprechen, was Du mir bist – was nennt die Sprache, wenn die Seele in ein Gefühl aufflammt? … Mit Erinnerungen wie die, die ich in mir trage, versinkt die Seele nie in jene Leerheit, jenen dumpfsten Schmerz, der am Leben nagt. Aber es ist nicht so, denn wir haben frei gewählt … und Deine beseligende Liebe öffnet mir eine neue schöne Aussicht in die Zukunft, in die sich mein Blick gern verliert.«*

Und Wilhelm äußerte sich gegenüber Georg Forster ernsthaft und bewegt: *»Ich war glücklich genug, großen Charakteren nahe zu treten, ich studierte sie. So schuf ich mich nach dem Ideale, zu denen ich die Züge einzeln zusammen las … In dieser Hinsicht wählte ich Lina. Ich fand so viel in ihr, so viel, dass ich noch immer zweifle, ob auch jedes Schöne in ihr etwas in mir finden wird, womit es sich gatte.«*

Noch wussten die beidseitigen Elternteile nichts von der freien Wahl ihrer Kinder. Der Präsident von Dacheröden war dann auch nicht angetan von einem Schwiegersohn, der seine Ausbildung noch nicht vollendet hatte und mit 22 Jahren noch viel zu jung zum Heiraten schien. Und Wilhelm berichtete Caroline: *»Es ist immer so schlechtes Wetter auf Mamas Stirn. Ich habe nicht eben große Widersprüche zu befürchten, aber Langeweile, Tränen, Gott weiß noch.«*

Erst nach zwei Monaten rang sich der zurückhaltende Wilhelm zum Gespräch mit der Mutter Marie Elisabeth durch und berichtete an Caroline: *»Sie ließ sich den Anfang unserer Bekanntschaft und alles vom Ei der Leda an erzählen und ich machte uns in der Erzählung so vernünftig, dass sie meinte, wir hätten aus purer raison gehandelt ...«*

Caroline sollte nun einen besonders liebenswürdigen Brief an die künftige Schwiegermama schreiben. Damit tat sie sich erstaunlich schwer und bat sogar die Lengefeldschen Freundinnen und den Freund Schiller um Konzepte. Caroline von Beulwitz entwarf schließlich den Brief an Marie Elisabeth von Humboldt. Diese ließ ihrerseits wiederum zärtliche Briefe an die unbekannte künftige Schwiegertochter vom Sekretär und Erzieher Kunth aufsetzen.

Wilhelm von Humboldt, der sich nunmehr in Berlin mit dem Eintritt in den preußischen Staatsdienst beschäftigte, blieb dem Tugendbund fortan fern. Ja, er entwickelte im Lauf der Jahre eine Aversion gegen das *»allzu jüdische Element«*, es *»roch nach Judentum im königlichen Schauspielhause«*. Er zeigt eine Ambivalenz, die einerseits mit seiner Unterschrift unter das Emanzipationsedikt der preußischen Juden 1813 unbedeutend scheint, im Privaten jedoch einigen Raum eingenommen haben muss. Seine Haltung scheint von Caroline in den späteren Jahren geteilt worden zu sein.

Die Verlobungszeit dauerte eineinhalb Jahre und in ihren klugen Liebesbriefen erkannte Caroline, dass die Zeit der übertriebenen Empfindsamkeitsbeteuerungen vorbei war: *»Du bist so gemacht, dass Du vielleicht nie ganz von einem Manne gefasst, empfunden wirst. Deine Kenntnisse, die Fülle Deiner Ideen, die Neuheit Deiner Ansicht, selbst die Eigenheit Deiner Sprache werden den geistreichen, feinfühligen Mann in Deinem Umgang zerstreuen – Du wirst ihm entschlüpfen.«*

Beide suchten die ihnen gemäße Sprache, um ausdrücken zu können, wie sie sich ihre selbstgewählte freie Verbindung »auf eine höhere Sphäre gerichtet« vorstellen könnten. Wobei durchaus auch Sehnsüchte Raum bekamen, die dem aufgeklärten Ideal entsprachen. Wilhelm schrieb an Caroline: *»Noch von keinem Menschen vielleicht gepflückte Blumen muss unsere Liebe uns darreichen. Sie muss Kräfte wecken, deren Möglichkeit wir jetzt auch in den höchsten Momenten ahnden ... Mit dieser Liebe, in dieser Freiheit muss sich die Seele ohne Fesseln emporheben ... Ein andres, neues Leben muss da hervorgehen, neue Organe müssen sich erschließen, neue Kräfte sich schöpfen ... Zu werden, was Menschen zu werden vermöchten, streben wir, und die Liebe erringt es mit uns.«*

Auch der Alltag gewann Raum. Um die Eheschließung zu beschleunigen, wurde der Vater, der seine Zustimmung zur Hochzeit zunächst verweigert hatte, überzeugt, die Mutter hofiert. Das junge Paar wollte sogar *»bescheiden leben, vielleicht nur mit vier Pferden und einer Kutsche ...«*

Caroline wurde am Weimarer Hof empfangen und sprach mit Goethe, der Interesse an ihrer ungewöhnlichen weiblichen intellektuellen Ausstrahlung zeigte. Sie war es, die Humboldt in die erlesene Weimarer Gesellschaft einführte, die, bei aller realen Enge, die Kultur der

Zeit mit dem klassischen Blick nach Griechenland zu entwickeln begann.

Vielleicht nach solchen Gesprächsabenden erkannte sie: »*Lass es mich Dir aufrichtig sagen, Bill, Du bist nicht für den Dienst gemacht, es gehört eine gewisse Art Eitelkeit dazu, von der Dein Wesen ewig geschieden sein wird ... Ich will nicht sagen, dass es nicht vielleicht im Dienst Stellen gibt, wo ein Mann auf seinen rechten Platz zu stehen kommt und sich einen ausgebreiteten und wohltätigen Wirkungskreis zu schaffen vermag, aber sie sind selten und seltener ist's wohl noch, diesen Wirkungskreis in den schönen Jahren der Jugend zu erlangen ...*«

Caroline begann ihre Vorstellung von Gemeinsamkeit, die gleichberechtigte Verständigung, zu entwickeln. Jeder der Partner sollte über die eigenen Ideale hinaus auch die des anderen mitdenken und dadurch sollten über das männliche und weibliche Ideal hinaus die Vorstellungen zueinander kommen. Auch Wilhelm war sich sicher: »*... dass eigentlich nur das Wert habe, was der Mensch in sich ist.*«

So vereinbarten sie, dass sie sich der Vervollkommnung ihrer Bildung und damit ihrer Persönlichkeiten gemeinsam zuwenden wollten. Der angestrebte Ausstieg aus dem Justizwesen wurde Wilhelm von Humboldt im Frühjahr 1791 gewährt. Die Mutter Marie Elisabeth stand einer solchen Entscheidung verständnislos gegenüber. Sie gewährte dem jungen Paar nur den Pflichtteil als Mitgift. Vater Dacheröden übernahm die grundlegende Finanzierung, um die Eheschließung zu ermöglichen. Caroline und Wilhelm von Humboldt heirateten in Erfurt am 29. Juni 1791 im kleinen Kreis der Familie und Freunde.

Drei Jahre lebte das junge Ehepaar in der selbstergewählten inneren und äußeren Zurückgezogenheit auf Burgörner und auf dem Gut Auleben. Die Beschäftigung mit Sprachstudien, mit Altertumsstudien, mit Platons Ideen, mit einer Übersetzung Pindars und mit der Kantschen Philosophie füllten ihre Tage aus. Im Mai 1792 wurde ihnen ihre erste Tochter, Karoline, geboren. Sie war und blieb ein kränkliches Mädchen, lebte bis zu ihrem Tode unverheiratet in der Familie.

1794 gab das Paar die Idylle Aulebens auf und ließ sich in der Nachbarschaft der jungen Familie Schiller in Jena nieder. Sie wollten den Freunden näher sein, deren offener und anregender Kreis sie begeistert aufnahm. Jena war, wie das ›klassische‹ Weimar, von den Studenten der Universität geprägt, die das ebenso geistige wie feierfreudige Klima Jenas lebendig erhielten. Hier wurden die Söhne Wilhelm (Mai 1794) und Theodor (Januar 1797) geboren. Das Ehepaar nannte diese Jahre stets ihren »beglückendsten Lebensabschnitt«.

Der Kontakt zum bewunderten Minister und Dichter Goethe im nahen Weimar wurde beidseits gepflegt und blieb von lebenslangem Einfluss sowohl auf Wilhelm als auch auf Caroline.

Im Mai 1797 schreibt Humboldt an Caroline und schlussfolgert aus diesen Einflüssen auf sie:

»So oft denke ich mirs und verfolge es durch alle Umstände Deines Lebens, durch die Menschen, die Dir nach und nach näher getreten sind, wie unglaublich wohltätig, ... ewig wirksam Dein Dasein ist, liebe Li. In Deinem reinen

und einfachen Wesen, das zugleich mit allem Menschlichen so vertraut und über alles Menschliche so erhaben ist, ist alles, was in andern nur als toter Stoff ... daliegt ... geläutert und erhöht: ... in die Anmut des Weiblichen verschmolzen, ergießt es sich von Dir aus auf alles, was Dich umgibt ... Was Du so, wie Du bist und wie ich Dich empfinde, auf mich wirktest, was sich auch durch mich in Dir entwickelte, was von uns beiden auf unsre guten Kinder, was aus uns allen auf den Teil der Welt, mit dem wir in Berühren traten, überging, das, teure Li, wird nicht vergehn und in dem können wir sicher ruhen, wenn wir untergehen ...«

Caroline ergänzte die Jenaer Erfahrungen: *»... dass alles dem individuellen Leben nachstehen muss und dass die reizendste Blüte des Lebens nur in der höchsten Geistesfreiheit aufblühe. Diese Freiheit kann den Menschen erst zur Erfüllung seiner eigentlichen Aufgaben führen.«*

Die immer wieder gemeinsam formulierten freiheitlichen Ideale kamen den Vorstellungen sowohl der Humboldts als auch den Freunden des Paares von einer idealen Ehe nahe. Die Geistesfreiheit, die sie sich zugestanden, und die Toleranz, die ihnen möglich war, befreite sie von den Konventionen ihres Standes und ihrer Zeit und gab ihnen die Möglichkeit, ihre jeweilige männliche wie weibliche Individualität auszuprobieren und darüber in aller Öffentlichkeit zu debattieren. Zu diesen breit interessierenden Themen veröffentlichte Wilhelm von Humboldt theoretische Arbeiten: *Über den Geschlechterunterschied* und *Über männliche und weibliche Form.*

Im Jenaer Freundeskreis galt allerdings das freie Auftreten Carolines manchmal als zu ungezwungen. Ihre provokanten Bemerkungen wie die Ehe sei keine Fessel wurden im Schillerschen Kreise häufig diskutiert. Auch ihre Kleidung fiel auf, sie legte keinerlei Wert auf modische Erscheinung, sondern liebte die Bequemlichkeit und erschien oft als »zu wenig elegant«. Die Gemeinschaft in Jena blieb für alle Beteiligten ein Leben lang prägend.

Während der schweren Erkrankung der Mutter Marie Elisabeth im Sommer 1796 hielt sich das Paar einige Zeit in Berlin und Tegel auf. Die Berliner Gesellschaft schien ihnen gegenüber der Jenaer als zu eng und in sich geschlossen. Caroline begann jedoch eine enge Freundschaft mit Rahel Levin zu pflegen, deren jüdischer Salon ein Zentrum der Goetheverehrung in Berlin war und wo die bedeutendsten Männer und Frauen aus Adel sowie christlichem und jüdischem Bürgertum zusammenkamen. Bei Rahel Levin lernte Caroline einen Besucher kennen, der die Berliner Geselligkeitskultur von Anbeginn an begleitet und beeinflusst hatte, Wilhelm von Burgsdorff. Caroline verliebte sich leidenschaftlich in den sensiblen, hochgebildeten und weit gereisten Landadligen, der seinerseits für die Gefühle der äußerst liebesfähigen Frau empfänglich war. An ihre neue Freundin Rahel Levin schrieb sie: »*Bewahren Sie es tief in Ihrem Herzen, wie ich ihn liebe, wie ich ihn verbunden fühle mit dem Besten in mir ... zuweilen ergreift mich wohl die Ahnung, dass mein Leben still zu einem anderen hinüberströme, aber sie trübt keinen Gedanken, sie streift keinen Glanz von der seligen Gegenwart, die ich mit unbeschreiblicher Heiterkeit voll und ganz genieße.*«

Im November 1796 verstarb Marie Elisabeth von Humboldt und hinterließ ihren Söhnen ein so bedeutendes

Erbe, dass diese fortan ihren eigenen Interessen unbeschwert und ohne Einschränkungen folgen konnten.

Burgsdorff lebte als Hausfreund von 1796 bis 1798 im Umkreis der Humboldts. Natürlich gab es Klatsch und Tratsch, da aber Wilhelm sich nach außen unverändert verhielt und sich zum Freundschaftsverhältnis seiner Frau niemals äußerte, gab es keinen Anlass, am ehelichen Glück des bewunderten Paares ernsthaft zu zweifeln. Jetzt bewährte sich das theoretisch so oft formulierte Ideal der völligen Freiheitsgewährung. Wilhelm schrieb in dieser Zeit an Caroline: *»Gerade die besten, die gefühlvollsten Menschen sehen sich am ersten auf diese Weise verstrickt ...«* Er schwieg und litt wohl im Stillen. Der Biograf Carolines, Gustav Sichelschmidt, gibt zu bedenken: *»Humboldts kühleres, streng intellektuelles Naturell konnte offenbar die überströmende Liebesfähigkeit Carolines nicht immer befriedigen. Er hatte mit den Jahren ein Kunstwerk, beinahe eine Religion aus ihr gemacht, so dass sie sich zuweilen nicht des Eindrucks erwehren konnte, er liebe sein Bild von ihr mehr als den Menschen aus Fleisch und Blut.«* Wilhelm reagierte mit Selbstzweifeln und schrieb an den Freund Schiller: *»Wohl ist es außerordentlich wahr, Mangel an Lebendigkeit und vorzüglich an Unabhängigkeit der Phantasie ist leider nur zu sichtbar in mir ... wage ich an etwas Poetisches zu denken, so sind mir die Flügel gelähmt und die Sehnen zerschnitten.«* Und Schiller charakterisierte Wilhelm gegenüber seinem Urfreund und Vertrauten Körner in Dresden: *»Zum Umgang ist er recht eigentlich qualifiziert; er hat ein seltenes Interesse an der Sache, weckt jede schlummernde Idee ... So wohltätig er aber auch für jeden ist, der einen gewissen Gedankenreichtum mitzu-*

teilen hat, so wohltätig, ja so höchst notwendig ist es auch für ihn, von außen ins Spiel gesetzt zu werden und zu der scharfen Schneide seiner intellektuellen Kräfte einen Stoff zu bekommen: denn er kann nie bilden, immer nur scheiden und kombinieren.«

Damit hat Schiller wohl ein männliches Phänomen an sich, über Zeit und Raum hinaus, formuliert.

Für die Wilhelm-von-Humboldtsche Familie begann die Zeit ausgewählter Reisen, auf denen Wilhelm und Caroline weitgesteckte Bildungsziele für sich und ihre Kinder verfolgten. Dresden, Prag, Wien, Zürich, Basel, München bis hin nach Paris waren die ersten Reisestationen. Für eine Familie war Reisen in dieser Zeit ein überaus aufwändiges und nicht ungefährliches Unternehmen. Die Wege waren schlecht, die Herbergen verschmutzt, das Essen unterwegs oft unbekömmlich, Wegelagerer keine Seltenheit. Reisende machten meist ihr Testament, bevor sie sich auf längere Fahrten einließen. Dennoch kam das Reisen gegen Ende des 18. Jahrhunderts auch für private Personen in Mode. Die Humboldts reisten nicht nur mit Sack und Pack, sondern auch mit Dienerschaft wie Dienstknechten, Kindermädchen und Kammerfrau. Sie waren meist bis zu fünfzehn Personen in mehreren Kutschen. Goethe belächelte »die Humboldtsche Karawane«. Burgsdorff begleitete diese Touren bis Paris. Als die Bindung an Caroline wohl zu eng zu werden begann, begab er sich von Paris aus auf eine eigene Pyrenäenerkundung. Caroline beruhigte ihre Gefühle und schrieb an Rahel im Februar 1799: »Ich liebe ihn nicht mehr. Ich habe zuviel gelitten. ...er ist nicht mehr mein und der goldne Zauber ist vorüber ...«

Paris – die Weltstadt an sich. Die Große Französische Revolution lag noch nicht zehn Jahre zurück, die Spuren waren noch allerorts sichtbar, aber die politischen Verhältnisse hatten sich unter Napoleon Bonaparte nunmehr konsolidiert. Die Humboldts bezogen im vornehmen Stadtbezirk Faubourg Saint-Germain eine repräsentative Wohnung und es gelang Caroline binnen kurzem, einen *»nicht allzu großen, aber immer hinlänglichen Kreis von teils interessanten, teils unterhaltsamen, teils wenigstens erträglichen Menschen«* um sich zu sammeln. Einladungen folgten und bald war der Salon der Caroline von Humboldt dank einer durch sie getragenen anspruchsvollen intellektuellen Gesellschaft in aller Munde.

Paris unter Napoleon Bonaparte war eine noch immer gärende Metropole, in der sich viele Reisende aus ganz Europa einfanden, um die erste Republik aus der Nähe zu studieren.

Was war eine Republik, die soviel Adelsblut vergossen hatte? Wie sahen die Strukturen der Gesellschaft aus und wie lebte es sich in einer Stadt, deren Elite in sich zerstritten, noch immer von der Monarchie geprägt schien? Einer der interessantesten Männer in dieser bewegten Stadt war der Republikaner Gustav von Schlabrendorf, ein überaus wohlhabender märkischer Landadliger. Er war glühender Demokrat und Republikaner, ein großer Geist und von vielen bedeutenden Männern, die die neue Zeit gestalten wollten, hochverehrt.

Lange Zeit hatte er in London gelebt, der fortgeschrittensten Großstadt neben Paris. Die englische Form der demokratischen Gesetze, die Bill of rights, die auch in der Neuen Welt, in Amerika, die rechtlichen Grundlagen für

Freiheit, Gleichheit, Brüderlichkeit vorgaben, schienen ihm geeignet, auch ins nachrevolutionäre Paris eingebracht zu werden.

Gustav von Schlabrendorf muss schon äußerlich beeindruckend gewirkt haben: an die zwei Meter groß und fast zwei Zentner schwer, mit wehendem langen Haar, in abgetragener unmoderner Kleidung. Seit Jahren verließ er sein Haus nur in Ausnahmefällen, Tag und Nacht studierte und schrieb er, empfing wichtige Besuche von Diplomaten und Revolutionären und beeinflusste so die politische Entwicklung in Paris.

Neben Gustav von Schlabrendorf, dessen geistige wie persönliche Bedeutung Caroline von Humboldt bald zu seiner bedingungslosen Anhängerin machte, besuchte auch die bekannteste Dame der Pariser Gesellschaft das Humboldtsche Haus. Germaine de Staël, die Tochter des Finanzministers Jacques Necker, die als »erste Frau Europas« galt. Madame de Staël war eine entschiedene Gegnerin des Emporkömmlings und Korsen Napoleon. Er schien ihr die Errungenschaften der Revolution nur für die eigene Machtpolitik nutzen zu wollen – kein unbegründeter Verdacht.

Im Pariser Salon Caroline von Humboldts trafen sich die hervorragendsten Vertreter einer neuen Denkungsart. So lernte sie schnell, sich den kosmopolitischen Anforderungen der elitären Pariser Gesellschaft anzupassen. Die Themen in Paris waren nicht mehr die Themen, die in Jena oder Berlin diskutiert wurden – und doch interessierte auch hier, wie der große Goethe in Weimar die Probleme der Zeit sah. Wilhelm von Humboldt erkannte in dem Gegenüber von deutscher und französischer Menta lität die Weltläufigkeit, die Preußen noch abging. Er entschied sich hier in Paris, in den preußischen Staatsdienst einzutreten, um, ganz im Sinne des großen Friedrich II. »seinem Lande zu dienen«. Dem Paar wurde wohl auch bewusst, wie viel ihnen noch an der eigenen Entwicklung fehlte, um eine fundierte Sicht der europäischen Verhältnisse äußern zu können. Berlin und Tegel, Erfurt und Jena waren wichtige Stationen für sie, aber der Horizont schien – von Paris aus gesehen – doch recht regional geblieben. Die Freiheiten, die in der französischen Revolution errungen wurden, hatten Preußen noch lange nicht erreicht. So sollte, vor Humboldts Eintritt in den Staatsdienst, ihre geistige wie persönliche Bildung durch Reisen erweitert werden.

Spanien war das erwählte Ziel und so zog die ›Humboldtsche Karawane‹ mit drei Kleinkindern, mit Hauslehrer und Kindermädchen durch ein Land, dessen Wege nur ungenügend befestigt waren, dessen Klima ungesund und dessen Gebirge noch wenig bekannt waren. Ein Wagnis mit lebensgefährlichen Erlebnissen. Der Wagen kippte mehrmals um, die Bagagewagen fielen ins Wasser und ein Diener wurde verrückt. Sie bereisten die Pyrenäen, die damals wild und unerschlossen waren. Auf Maultieren wurden lange Strecken zurückgelegt, dabei trug Caroline den zweijährigen Sohn Theodor im Arm und der fünfjährige Wilhelm saß hinter ihr. Im Escorial, vor den Grabstätten der spanischen Könige, schrieb sie an Charlotte Schiller, sie habe glücklicherweise den Don Carlos immer bei sich und daher das Gefühl sich auszukennen.

Höhepunkt der Spanienreise war Madrid, wo die Kunstsammlungen des Prado Caroline zu ersten Kunstbetrachtungen von solcher Intensität inspirierten, dass der Freund Goethe, an den sie ihre Aufsätze sandte, für eine anonyme Veröffentlichung sorgte und von nun an ihr Kunstverständnis überaus zu schätzen begann. Bilder erschlossen sich Caroline nicht nur kunsthistorisch, sondern auch in einer emotionalen Art, die bis dahin in der Kunstbetrachtung unbekannt war. Die *Schlafende Venus* von Tizian beschrieb sie so: *»Nie vorher ahndete ich, dass es möglich sei, solchen Reiz mit einer solchen Reinheit zu verbinden. Sie liegt im Vordergrunde und ist durchaus unbekleidet, und Tizians Pinsel ist nie ein blühenderes reizenderes Kolorit geglückt – und dennoch glaube ich nicht, dass es einen Menschen gibt, der roh genug wäre, dass nicht die edle erhabene Form dieser himmlischen Gestalt über das Reizende siegte – ich könnte mir denken, wie diese Venus gleich einer Heiligen verehrt und angebetet würde – nie hat ein spanischer Maler auch nur fern den Gedanken zu einem solchen Bilde aufgefasst.«*

Die Reise führte die Familie südwärts über Sevilla nach Cadiz, weiter über Granada und Barcelona, ehe man im April 1800 wieder in Paris eintraf. Welche Erfahrungen während eines halben Winterjahres lagen hinter Caroline, die hochschwanger zurückkehrte und nur vier Wochen später ihre zweite Tochter Adelheid gebar? Ihrem Vater gestand sie ein*: »… wir glaubten es Ihrer sorgsamen Liebe schuldig zu sein, Ihnen meinen Zustand zu verbergen, da wir uns nun einmal, ohne ihn zu ahnen, in dieser Reise embarquiert hatten.«*
Demselben Brief an den Vater vom Mai 1800 ist zu entnehmen, dass die Entwicklung der Kinder auf den Rei-

sen aufmerksam verfolgt wurde: *»Sie haben freilich ihre Fehler und sind munter wie alle Kinder ihres Alters, allein die gute Natur hat ihnen so bestimmt Vorzüge und Anlagen mitgegeben, dass ich mit recht heiterem Blick in die Zukunft zu sehen wage ... Die Reise hat sie in Rücksicht auf das wenige, was sie wussten, zurückgebracht, allein für andere Dinge hat sie sie auch merklich entwickelt, und das Versäumte wird ... nachzuholen sein.«*

Bald hatte sich die Familie in Paris wieder eingerichtet. Caroline genoss die Pariser Großzügigkeiten und ihre Abendgesellschaften, Wilhelm von Humboldt beschäftigte sich intensiv mit den romanischen Sprachen und reiste noch einmal zu Sprachstudien ins Baskenland. Hier lag der Einstieg in die Entwicklung der modernen Sprachwissenschaften und seine Anerkennung als Wissenschaftler in späteren Jahren.

Erst im August 1801 kamen die Humboldts zurück nach Berlin und Tegel. Vieles hatte sich verändert. In Berlin regierte seit 1797 der preußische König Friedrich Wilhelm III. mit seiner ungewöhnlich populären wie schönen Gemahlin Luise von Mecklenburg-Strelitz. Sie galten zwar als »Bürgerpaar auf Preußens Thron«, das wurde aber nicht von allen anerkennend geäußert, denn viele Bürger meinten, republikanische Zustände passten für Frankreich, keinesfalls für Preußen. In Preußen war die Entwicklung stehen geblieben mit dem Blick auf den vergangenen Ruhm Friedrichs des Großen.

Die weitgereisten Humboldts empfanden diese geistige Enge sehr deutlich. Caroline fand selbst die berühmte Freundin Rahel Levin ein wenig rückständig. Wilhelm entschied sich, seine Kenntnisse nunmehr endgültig Preußen zur Verfügung zu stellen. Ein Posten war vakant, der nicht allzu viel Einsatz an Zeit und Verantwortung erwarten ließ, der des Residenten Preußens beim Päpstlichen Stuhl im Vatikan zu Rom. Bereits Anfang September 1802 reisten die Humboldts Richtung Rom. Sie reisten nun mit fünf Kindern, denn Caroline hatte am 28. Mai 1802 in Tegel ihre dritte Tochter Gabriele zur Welt gebracht.

Die Mädchen trugen auf Reisen die bequeme Knabenkleidung, wie auch Caroline Männeranzüge bevorzugte. Zur diesmaligen Karawane gehörte auch Friedrich Wilhelm Riemer, der Hauslehrer. Ihn erfasste eine so leidenschaftliche Neigung zu Caroline von Humboldt, dass er sich entschloss, seine Aufgabe niederzulegen. Riemer ging nach Weimar, um Hauslehrer des einzigen Sohnes Goethes, August, zu werden.

Die Reise nach Rom dauerte damals etwa zehn Wochen, obwohl die schnellste Route gewählt wurde. Der erste Eindruck war enttäuschend. Die Allgegenwart von Armut, Schmutz und Fremdheit überlagerte fast den Blick auf die Großartigkeit der uralten Stadt. Wie angenehm war es, in den Wohnungsnachbarn die damals sehr bekannte Reiseschriftstellerin Friederike Brun mit ihrem Töchterchen Ida kennen zu lernen. Friederike Brun schilderte aus erster, unvoreingenommener Sicht die nun 36jährige Caroline: »... *(sie) ist eine jener seltenen Frauen, auf deren Art Deutschland unter allen mir bekannten Nationen vielleicht einzig das Recht hat, stolz zu sein. Kenntnisreich in einem Grade, dass sie für einen Gelehrten gehalten werden dürfte; mit einem Sinn für das Höchste und Schönste in Poesie und Kunst begabt.*«

Caroline gewöhnte sich nur langsam an die römischen Zustände, wie sie nun einmal waren. *»... Die Teuerung ist unsäglich. Das erste Bedürfnis des Lebens, Brot, kann das Volk nicht mehr essen. Sie werden das glauben, wenn ich Ihnen sage, dass wir täglich 18 Silbergroschen Brot brauchen, und wir sind an unserem Tisch drei große Personen und vier Kinder, die wenig Brot essen, und beköstigen nur drei unserer Domestiken ...«*

Sie richtete die Wohnung ein, lernte mit den Kindern gemeinsam italienisch und kam der Mentalität der Römer näher, deren Lebensfreude sie begeisterte. *»Mit jedem Tag wird mir Rom lieber«*, schrieb sie schließlich an Goethe.

Neben ihren vielfältigen Aufgaben als Hausfrau und Mutter erschloss sie sich systematisch die römische Gesellschaft. Ihre Abende waren ungewohnt amüsant wie geistvoll und so zog sie dank ihres Konversationstalentes und ihrer charismatischen Fähigkeiten Politiker wie Gelehrte und Reisende an. Vor allem Deutsche kamen, aber unter den römischen großen Familien hatte sie auch bald Freundschaften. Sogar der Klerus gab sich die Ehre. Vor allem aber gewann sie die Künstler, die in Rom der südlichen Landschaft und der kulturellen Vielfalt verbunden waren. *»Die Künstler, die hier sind, und einige andere Deutsche bitten wir einmal in der Woche zum Essen.«*

In schlechten Zeiten war das den Künstlern sicher ein Anreiz für einen Besuch, aber Caroline ging es um mehr als um ein Mäzenatentum, das der Position ihres Mannes entsprach. In Rom erkannte sie ihre Hingezogenheit und ihre Begabung zum Beschreiben der Werke der Malerei und Bildhauerkunst, sowohl der Antike wie der Gegenwart. Die Schönheit der Kunstwerke veredelt die Menschen, die sich der Kunst als Schaffende wie Schauende widmen, in ihren Gefühlen und Anschauungen – das war eine Sichtweise der Aufklärung.

Sie vervollkommnete ihre Kenntnisse zur Kunst der Antike, besuchte manchmal täglich die Vatikanischen Museen und aus der wachsenden Begeisterungsfähigkeit für Malerei und Bildhauerei heraus erkannte sie bald auch Talente, die in Rom auf Entdeckung warteten. Sie fördert durch materielle Unterstützung, durch Ankauf wie durch ständige Ermunterung zur Weiterarbeit, aber auch durch Kritik unter anderen den Bildhauer Christian Daniel Rauch, der Kammerdiener der schönen Luise von Preußen gewesen war. Die Arbeiten des Dänen Bertel Thorwaldsen bewunderte und kaufte sie. Auch der Stuttgarter Maler Gottlieb Schick verkehrte im Humboldtschen Kreis. Bei Schick wurden die Familienporträts in Auftrag gegeben, die uns heute eine lebendige Vorstellung der Humboldts vermitteln. Berühmt geworden ist seine Darstellung der Schwestern Adelheid und Gabriele. Die heitere familiäre Atmosphäre, die Verbundenheit der Familienmitglieder und der Freunde, der Frohsinn italienischer Prägung verbunden mit dem Anspruch auf ständige Entwicklung der Persönlichkeiten – all das kann man noch heute aus den Darstellungen Schicks herausfühlen.

Caroline selbst beschränkte sich auf die Beschäftigung mit der Kunst, sie selbst hat nie gemalt oder gezeichnet.

Die zehn Jahre, die die Familie in Rom verbrachte, waren für Caroline die prägendsten ihres Lebens. Hier erwarb sie sich den Ruf, der ihr von nun an in den europäischen gebildeten Kreisen ihren Platz gab: den der Gastgeberin und Kunstkennerin von europäischem Rang.

Wir können uns vorstellen, wie Caroline ihre Zeit einrichtete, denn sie beschrieb ihrem Vater: *»Wir haben uns auf den Fuß gesetzt, Mittwoch und Sonntag immer zu Hause zu bleiben und zu empfangen. Die anderen Tage sind mit hiesigen ›conversazioni‹ besetzt, wo man sich auch zuweilen sehen lässt, oder es sind Posttage. Wenn ich noch etwas eingerichtet sein werde, d.h. wenn meine Wäsche und viele Dinge angekommen sein werden, die wir in Livorno gekauft haben, und noch ein Zimmer möbliert sein wird, werde ich meinem Mittwochs- und Sonntagstee etwas mehr Extension geben, d.h. Gefrorenes und allerlei Backwerk hinzufügen ... Bei Torlonia, einem Bankier, der Millionen besitzt und der zweimal in der Woche mindestens hundert Personen bei sich sieht, bietet man einem auch nicht ein Glas Wasser an. Für meine Landsleute mache ich mit dem Essen einen Unterschied.«*

Es war also das Besondere der Atmosphäre im Haus des preußischen Gesandten und seiner reizvollen Gattin, das ungewöhnliche Menschen anzog. Auch die umworbene Malerin Angelika Kauffmann, der schon der junge Goethe bei seinem ersten Italienbesuch freundschaftlich verbunden war, kam, um Caroline zu begegnen. Die selbstbewussten und weit gereisten Frauen fanden aneinander Gefallen und Angelika Kauffmann bestätigte die Begabung Carolines für die Kunstkritik. Die beiden verband natürlich auch die allgegenwärtige Goetheverehrung, sicher ein Thema für manches Gespräch unter vier Augen, denn der Weimarer Klatsch gelangte bis Rom.

Auch Wilhelm von Humboldt fühlte sich in Rom angekommen. Sein diplomatisches Amt ließ ihm reichlich Zeit für seine privaten wissenschaftlichen Arbeiten. Er arbeitete an seiner Agamemnon-Übersetzung und vor allem an den baskischen Sprachstudien. An seinen Arbeiten nahm Caroline selbstverständlich großen Anteil. Oft sah man die Humboldts in den Sammlungen des Vatikans, in Kunststudien vertieft. Sie entdeckten gemeinsam Raffael, dessen Sixtinische Madonna sie beide begeisterte. Diese großartigen Erlebnisse förderten ihre geistige Verbundenheit. Beide genossen die römische Zeit als inspirierendste Zeit ihres Ehelebens. Die Rom-Euphorie ging bei Caroline so weit, dass sie wünschte, auf dem protestantischen Friedhof unter der Pyramide des Cestius begraben zu werden. Sie ahnte nicht, dass dort zwei ihrer Kinder die letzte Ruhe finden würden.

Der römische Sommer war damals eine gefährliche Zeit, denn die Pontinischen Sümpfe beeinflussten das Klima der Stadt und verursachten regelmäßig Malaria. Der als auffällig schön geltende und harmonisch gebildete älteste Sohn Wilhelm war das Lieblingskind der Eltern, vor allem des Vaters. Seine guten Anlagen schienen ihn auch zum geistigen Nachfolger seines Vaters zu bestimmen. Doch der nun neunjährige Wilhelm erkrankte an Malaria und obwohl die Familie so schnell als möglich des besseren Klimas wegen nach L'Ariccia umzog, starb das Kind in den Armen Carolines. Er rief bis zum letzten Moment nach seinem Vater. Wilhelm von Humboldt traf nur wenige Augenblicke nach seinem Ableben ein. Der tiefe Schmerz der Eltern über den Verlust dieses Kindes hielt bis zu ihrem Lebensende an. Es war das erste tiefgehende Erlebnis gemeinsamen Leides und Caroline beschrieb diesen Prozess als etwas, das sie zwang *»menschlich zu sein* *bis ins tiefste Fleisch, alles zu kennen und zu durchsuchen und alles in echteste Menschlichkeit zu verwandeln ... von meinem Leben ist der Glanz ... eines unberührten Schicksals hinweg genommen ...«*

Der tief getroffene Vater versuchte sich seinem engsten Freund Friedrich Schiller mitzuteilen: *»In kaum sechsunddreißig Stunden lebte er nicht mehr. Sein Tod war sanft, er hatte fröhliche Phantasien, litt nicht und ahnte nichts ... Dieser Tod hat mir auf der einen Seite alle Sicherheit des Lebens genommen. Ich vertraue nicht meinem Glück, nicht dem Schicksal, nicht der Kraft der Dinge mehr. Wenn dies rasche, blühende, kraftvolle Leben so auf einmal untergehen konnte, was ist dann noch gewiss. Und auf der anderen Seite habe ich wieder auf einmal so unendlich Sicherheit mehr gewonnen. Ich habe den Tod nie gefürchtet und nie kindisch am Leben gehangen, aber wenn man ein Wesen tot hat, das man liebte, so ist die Empfindung durchaus verschieden. Man glaubt sich heimisch in zwei Welten ...«*

Das Leid über diesen ersten Verlust bedeutete für die Eltern mehr als die stumpfe Anerkennung des Todes als etwas Unausweichlichem. Sie versuchten gemeinsam, hinter den eigentlichen Vorgang zu sehen, sich zu fragen, welche tiefe Bedeutung dieser Verlust für sie habe, einzeln und verbunden. Jahre später noch betonte Caroline in einem Brief an Wilhelm: *»Seit unseres Wilhelms Tod hab ich es empfunden. Die Tiefe und Unendlichkeit des Lebens hat sich seitdem vor mir aufgetan, und das Großmenschliche erblüht, ersteht, wie soll ich sagen, gewiss und einzig nur da, wo das Individuum sich weder im Genuss des Glücks, noch des Schmerzes schont.«*

Seit dem Verlust des Kindes fühlte sich das Paar noch enger verbunden, gestand sich nun auch ein, unersetzlich füreinander zu sein. Wilhelm von Humboldt an Caroline: *»Wenn Du mir nur bleibst. Vom Zustand ohne Dich ... habe ich keinen Begriff und mag nie einen haben. Auch ahnde ich, wird uns das Schicksal darin günstig sein. Ehe unsre lieben Kinder nicht groß sind, stirbt keiner von uns beiden, gib acht. Das Schicksal richtet sich nach dem inneren Menschen ... und sind die Kinder groß, liebe Li, so gehören wir nur uns und unsern Gefühlen an. Wir kehren dann wieder in den Zustand zurück, wo wir waren, als wir zusammen kamen ... und die (Liebe) bleibt, solange das Leben bleibt.«*

Noch aber waren die Kinder der Mittelpunkt der elterlichen Sorge. Der zweite Sohn, Theodor, erkrankte ebenfalls am Malariafieber. Er überlebte, war aber so geschwächt, dass Caroline im Frühjahr 1804 mit der ältesten Tochter Karoline, dem Arzt Dr. Kohlrausch und dem kranken Theodor, der in dicke Federbetten gelegt wurde, nach Erfurt reiste, des gesunden nördlichen Klimas wegen. Theodor stabilisierte sich schnell. Caroline erholte sich mit dem Sohn gemeinsam beim Großvater in Dacheröden und besuchte während dieser Rekonvaleszenzmonate die Freunde in Jena. Schiller hatte soeben den *Wilhelm Tell* vollendet und Caroline als eine der ersten Leser zeigte sich begeistert: *»In dem Stück ist nichts Unnützes ... auch nicht ein Wort.«*

Inzwischen zeigte sich Wilhelm von Humboldt in Rom als kompetenter und liebevoller Vater in der Lage, seine bei ihm gebliebenen kleinen Töchter, Adelheid und Gabriele, vier und zwei Jahre alt, auch ohne die Mutter erziehen zu können. *»Gabriele und Adelheid sind wohl und immer bei mir. Adel ist göttlich und macht mir unendliche Freude, nur tyrannisiert sie mich sehr. Heute habe ich schon um zwei Uhr essen müssen, und fast alle Tage muss ich Broccoli essen ... Gabriele kommt jetzt regelmäßig zu mir selbst gegangen, und wenn die Tür zu ist, klopft sie an und ruft: ›Papa, zuccero!‹. Dann mache ich auf, und sie geht mit mir an Dein Büro und wenn sie den Zucker sieht, will sie sich totlachen.«*

Der besorgte Vater reiste mit den Mädchen im Sommer aufs Land, um sie vor der schädlichen Hitze Roms zu bewahren, und er bestand auf Weinbädern, denn diese galten als Kräftigungsmittel. Er erteilte seinen Töchtern auch selbst Unterricht, vor allem in der deutschen Sprache, denn die Kinder sprachen hauptsächlich italienisch.

Caroline war daher beruhigt über die Betreuung ihrer Töchter durch den Vater. Sie selbst aber war von einer anderen Unruhe befallen: Jena und auch Goethe in Weimar waren eben nicht mit römischen geselligen Ansprüchen zu vergleichen. So sehnte sie sich nach Gustav von Schlabrendorf, der ihr in den römischen Jahren, wenigstens brieflich, der engste Freund geblieben war, und schrieb ihm: *»Darum muss ich Dich wieder sehen. Ich darf es mit der tiefsten Wahrheit sagen: ich brauche es, brauche den Genuss, mein innigstes Verlangen darin zu befriedigen, um weiter fortzuleben.«*

Mitte Juni kam Caroline in Paris an, nahm Wohnung in der Nähe Schlabrendorfs und entband zwei Wochen später ein Mädchen, dem sie den Namen Mathilde Louise

Virginie gab. Graf Schlabrendorf, der Eremit und Philosoph, hielt den Säugling über das Taufbecken und zeigte sich bewegt und gerührt. Der Austausch der liebevoll Wiederverbundenen, Caroline und Gustav, war beiden ein existenzielles Bedürfnis. Es hielt bis zum Tod Gustav von Schlabrendorfs an. Caroline fand in ihm einen ebenbürtigen Menschen und eine Großherzigkeit, in der sie sich wiederfand. Sie genoss diese beinahe familiäre Gemeinsamkeit. Umso tiefer war für sie der Schock, als die nur viermonatige Louise unerwartet verstarb. Sie wurde unter einer Akazie bei Meudon begraben. An den Vater, der dieses Kind nicht kennen lernen konnte, schrieb sie nun: »*Wilhelm, mein teures Leben, wir haben aufs neue ein geliebtes Kind verloren ... Ach, Du hast sie nicht gesehen, mein geliebtes Herz, und gemeine Menschen werden glauben, dass ihr Verlust Dir darum weniger empfindlich sein wird, aber Du scheust wie ich keinen Schmerz. ... in dem trüben Winter an Theodors Krankenbett hat sie mein Leben erhalten. Und ich konnte das ihre nicht halten.*«

Neben dem geliebten Freund Gustav von Schlabrendorf war es der Schwager, Alexander von Humboldt, der sich um Caroline rührend bemühte. Er war inzwischen eine Berühmtheit. Nun wohnte er bei seiner Schwägerin und beide verband eine Zuneigung, die wohl vor allem auf Großzügigkeit gegenüber den kleinen Schwächen hier und da basierte. So war Alexander Frühaufsteher und brachte durch seine Gewohnheiten den Haushalt ein wenig durcheinander.

Aber auch der Schwager konnte Caroline nicht über den Tod der kleinen Louise hinwegtrösten und der geliebte Gustav bot ihr nicht, was ihr die Familie geben konnte:

Verbundenheit über alle Verluste hinweg. In gefährlichen Eiletappen reiste sie über die winterlichen Straßen und erreichte im Januar 1805 Rom. An ihren Vater schrieb sie: *»Mein Mann kam mir mit den beiden Kindern zwei Stunden weit mit seinem Wagen entgegen, und ich überlasse es Ihnen, zu denken, wie süß uns dies Wiedersehen gegenseitig war.«*

Der Salon im Palazzo Tomati nahm wieder europäisches Niveau an. Zu den Künstlern gesellten sich Wissenschaftler, Politiker, der europäische Adel. Der Bruder Alexander kam und belebte die Gesellschaft durch Vorträge über seine Forschungsreisen und -ergebnisse. Caroline – gereifter wirkte sie attraktiver denn je – war nach wie vor der bewunderte Mittelpunkt der erlesenen Gästeschar.

Der Tod des Freundes Friedrich von Schiller, mit dem sich die Zeit der jugendlichen schwärmerischen Begegnungen verband, traf vor allem Wilhelm von Humboldt tief. An Schillers Urfreund Körner schrieb er nach Dresden: *»Alles Beste in mir war immer an ihn gerichtet, und zugleich gab er mir auch immer die Stimmung und die Kraft.«*

Mehr denn je band sich Wilhelm nun an Caroline, die geistige Gefährtin, die auch seine Zuneigung zu Schiller von Beginn an teilte und ihn über die gemeinsamen Erinnerungen am besten verstand.

Ein Jahr nach ihrer Rückkehr aus Paris gebar Caroline einen Knaben, den sie Gustav nannte, wohl zur Ehre des Freundes Gustav von Schlabrendorf. Obwohl der kleine Gustav besonders groß und kräftig schien, verstarb er vor seinem zweiten Jahr. Tagelang hatte man um sein Überleben gekämpft, er starb in Carolines Armen wie der Bruder Wilhelm drei Jahre zuvor. Drei Kinder innerhalb von drei Jahren zu verlieren, war so ungewöhnlich nicht, aber sie betraf es und sie litt schwer. Der Freundin Charlotte von Schiller, die selbst vier gesunde Kinder hatte, versuchte sie mitzuteilen: *»Ach, so steht es eben um die menschliche Natur, dass man allein ist in Freude und Schmerz ... Humboldt ist so gut und Karoline und Theodor sind Engel gewesen; aber es kann kein Mensch dem anderen in einer tiefen Not beistehen.«*

Und dennoch waren die Eltern durch diesen Verlust wieder enger zusammengerückt, nichts Menschliches war ihnen fremd geblieben.

Im Jahr darauf, 1808, reiste Wilhelm von Humboldt mit dem Sohn Theodor nach Erfurt. Er sollte ein deutsches Gymnasium besuchen und Wilhelm musste sich um den Schwiegervater in Dacheröden kümmern, dessen Gesundheitszustand bedenklich schien. Caroline blieb mit ihren drei Mädchen in Rom zurück, denn sie war wieder schwanger und musste diesmal geschont werden. Wilhelm empfand nach den gemeinsamen Jahren in Rom die Trennung von Caroline besonders stark. Überall hörte er Lobesworte über sie; von Goethe in Weimar wurde ihr Kunstsinn über alles gestellt, der Tenor war sogar: *»... Dass Du die erste Frau in der Welt seiest, und das bist Du auch sehr gewiss, dass niemand mehr so schön spräche, dass Du über allen Dingen schwebtest und doch rein menschlich in jedes eingingest ...«*

Nach einigen Überlegungen, in die Caroline eng einbezogen war, übernahm Humboldt auf Vorschlag des

Freiherrn vom und zum Stein das Amt eines Geheimen Staatsrates und des Leiters der Sektion für Kultus und Unterricht im preußischen Ministerium des Inneren. In Rom wurde er seit längerem nicht mehr benötigt und seine Entscheidung war eine durchaus moralische. Das französische Recht, der Code civil, hatte in Preußen Veränderungen bewirkt. So war die bürgerliche Gleichstellung von Frauen und Juden durchgesetzt worden. Noch war der Stern Napoleons nicht gesunken. Reformen waren dringend notwendig. Gute, fähige Köpfe waren gefragt und Wilhelm von Humboldt wuchs über sich hinaus: In der kurzen Zeit von fünfzehn Monaten reformierte er das gesamte preußische Schulwesen und setzte die Gründung der Berliner Universität durch. *»Ich hatte einen allgemeinen Plan gemacht, der von der kleinsten Schule bis zur Universität alles umfasste und in dem alles ineinander griff, ich war in jedem der Teile desselben zu Hause, ich nahm mich des kleinsten wie des größesten, ohne Vorliebe, mit gleicher Tätigkeit an, ich ließ mich durch keine Schwierigkeit abschrecken ... ich hatte ... allgemeines Vertrauen.«*

In Königsberg, wohin er geschickt wurde, lernte er eine ungewöhnliche Frau kennen. Johanna Motherby, Mutter zweier Kinder, war die Ehefrau eines schottischen Arztes, der als glühender Kantianer nach Königsberg gezogen war und dort praktizierte. Wilhelm von Humboldt erlebte mit der *»kleinen, sehr klugen und guten, aber nicht hübschen, eigentlich hässlichen Doktorin Motherby«*, wie er sie Caroline beschrieb, eine ihn tief beeinflussende Liebe. Johanna Motherby war von charismatischer wie sinnlicher Ausstrahlung. Auch Ernst Moritz Arndt war von ihr fasziniert und verliebte sich leidenschaftlich. Einige Jahre später ließ Johanna Motherby sich scheiden und heiratete den berühmten Berliner Chirurgen Ludwig Dieffenbach, als dessen Gattin sie weiterhin zum engeren Freundeskreis der Familie Humboldt gehörte.

Der Brief, den Wilhelm von Humboldt an Johanna Motherby am 24. April 1813 aus Berlin nach Königsberg schrieb, erhellt für uns heute Lesende den Charakter dieses Mannes in einer in dieser Form in keiner Männerbiografie seiner Generation vorkommenden Deutlichkeit: *»Ich lebe hier gar nicht unglücklich, ich lebe glücklich mit meiner Frau und meinen Kindern. aber das Allereigentümlichste in mir spricht sich nicht aus, oder nicht ganz rein. Ich bin nicht, wie ich sein würde, ganz nach meinem Willen und meiner Lust, sondern wie ich für sie sein will. Ich lebe großenteils für sie, gar nicht aus Zwang, aus Pflicht, sondern aus innerer Lust daran, aus Liebe zu ihnen. Aber dabei denke ich doch nicht an mich und vieles unendlich sonderbare in mir bleibt auch in mir unbeantwortet stehen und wird nicht einmal ausgesprochen ... Aber es gibt eine andere, viel eigentlichere und tiefere Liebe, von der ich mit niemand reden möchte als mit Dir, die Du mich auf einmal verführst, herauszugehen aus mir und Dir mein Inneres zu öffnen, und diese Liebe ist darin anders und ganz anders. Da kommt es gar nicht auf Glücklichmachen an, da kann es auch Schmerz und Leiden geben. Denn diese Liebe besteht darin, dass das Weib ganz aufgehe in dem Mann und gar keine Selbstständigkeit mehr habe als seinen Willen, keinen Gedanken, als den er verlangt, keine Empfindung, als die sich ihm unterwirft, und dass er vollkommen frei und selbstkräftig bleibe und sie ansehe als ein Teil von sich, als bestimmt, für ihn und in ihm zu leben.«*

Mit solchen Gedanken war Wilhelm von Humboldt den männlichen Vorstellungen der Begegnung von Mann und Frau durchaus angepasst. Vielleicht zeigte sich auch eine gewisse Anstrengung, die es ihn kostete, die von ihm stilisierte und herausgehobene Caroline von allen sinnlich-primitiven Vorstellungen freizuhalten. Im Übrigen war für Männer der oberen Gesellschaftsschichten wie Wilhelm von Humboldt eine breite Akzeptanz ihrer Sexualität üblich. Das 18. Jahrhundert war schließlich auch das ›galante‹ Jahrhundert. Wilhelm von Humboldt führte – wie auch Caroline – ein penibel aufgelistetes Haushaltsbuch. Darin waren auch die Bordellbesuche vermerkt, die Ausgaben für »Fleischeslust«, wie er es benannte. Solche alltäglichen männlichen Bedürfnisse werden auch von Caroline als selbstverständlich akzeptiert worden sein.

Dass dagegen Carolines ungewöhnlich offen gelebtes Liebeserleben, das weder in Paris noch in Rom oder später in Wien unbeobachtet blieb, zu heftigen Angriffen in der Gesellschaft Anlass gab, hätte einem Mann ihrer Zeit nie begegnen können. Der damals sehr bekannte Demokrat Theodor Mundt verbreitete über sie: »*Die Caroline von Dacheröden, jedes Kind von ihr hat einen anderen Vater!*« Und der in die Schulbücher der nächsten Generationen eingegangene Friedrich Hebbel schrieb diese Klatschereien als Wahrheiten in sein Tagebuch.

Während Humboldt an öffentlicher wie persönlicher Erfahrung in diesen Jahren gewann, nutzte Caroline diese Zeit für sich in Rom, um eigenständig und intensiv an ihrem Kunstverständnis zu arbeiten. Gottlieb Schick malte die meisterlichen Porträts und Gruppendarstellungen der

Familie, vor allem die Bildnisse der Schwestern Adelheid und Gabriele. »Dieses Bild erregte Bewunderung in ganz Rom«, schrieb Caroline an Wilhelm.

Der dänische Bildhauer Bertel Thorwaldsen ging im Humboldtschen Hause ein und aus. Seine groß angelegten Marmorskulpturen erregten Carolines Bewunderung, aber auch ihre Kritik, und im Gespräch mit ihm schulte sie ihr Verständnis für moderne Bildhauerei. Thorwaldsen fertigte in ihrem Auftrag eine Büste Wilhelm von Humboldts, die als besonders ähnlich und sauber gearbeitet galt. Eine gute Kopie befindet sich in der ständigen Ausstellung des Roten Rathauses Berlin-Mitte. Bewundert im Künstlerkreis um Caroline wurde der begabte Christian Daniel Rauch, der als Bildhauer in Rom heranreifte. Zum Geburtstag seiner Gönnerin Caroline von Humboldt schenkte er ihr eine Statuette der Tochter Adelheid als Psyche, in natürlicher Größe dargestellt, mit einem Schmetterling in den Händen. Sie steht heute im Schloss Tegel.

Zu Rauchs 33. Geburtstag veranstaltete Caroline einen Abend, den sie Wilhelm schilderte und der uns einen lebendigen Eindruck dieser Geselligkeit gibt: *»Ein paar kalte Braten und Bischof (ein punschähnliches Getränk, die Verf.) nebst einem Lichterkuchen war das Ganze. Aber Rauch hat sich sehr daran erfreut und ergötzt. Früh beim Glückwunsch habe ich ihm gesagt, dass Du mir erlaubtest, seine kleinen Schulden zu bezahlen, er möge mir sagen, wie viel er brauche, und was er noch bei uns aufgezeichnet habe, sollte er wie getilgt ansehen. Ich versichere Dich, dass er so gerührt war, dass er weinte, es ist ein guter und innig dankbarer Mensch, der Gemüt und Anhänglichkeit hat. Abends, wo Musik gemacht wurde und Karoline (die Toch-*

ter, die Verf.) recht schön sang, gerieten alle Menschen in Verwunderung, wie Adel (Adelheid, die Verf.) ... auch eine kleine Arie sang und sich hören ließ.«

Dass Caroline die Erlaubnis ihres Mannes in Geldfragen einholte, ist sicher nur eine Floskel, der allgemeinen Haltung geschuldet. Denn seit dem Tode ihres Vaters im Herbst 1809 verfügte Caroline über ein Erbe, das ihr erlaubte, ihren Kunstliebhabereien ohne Einschränkungen nachgehen zu können. So steht noch heute im Atrium des Schlosses Tegel ein antiker Brunnen aus Marmor, um den die Legende rankt, Papst Clixtus habe in ihm den Märtyrertod erlitten und daher habe sein Wasser besondere Heilkraft gehabt. Als im Juli 1810 die allseits geliebte Königin Luise von Preußen verstarb, kaufte Caroline zwei antike Sarkophage, die sie dem König, Friedrich Wilhelm III., zur Verfügung stellte. Sie gehören zum Bestand des Alten Museums.

Im April 1809 brachte Caroline in Rom ihr achtes und letztes Kind zur Welt. Sie ließ den kleinen Sohn katholisch im Petersdom taufen und gab ihm den Namen Hermann. Dem fernen Vater schrieb sie: *»Ich habe viel in der Niederkunft gelitten, aber ich bin für alles belohnt durch den Anblick des lieblichen Knaben ... Es ist der Sonnenstrahl nach dem dunklen furchtbaren Gewitterhimmel, es ist die Belohnung meiner Tränen und meiner unaussprechlichen Sehnsucht.«*

Der Junge entwickelte sich so gut, dass Caroline mit allen Kindern das Wagnis einer Reise nach Neapel, Salerno, Herkulaneum und Pompeji unternahm. Vor allem das Wunder an sich, den Vesuv, bestieg die kleine Familie, wobei Hermann mit seiner Wärterin zurückblieb. *»Der Anblick des Vesuvs, diese ungeheure, furchtbare Unfruchtbarkeit hat wirklich etwas tief Erschütterndes ... Die Sonne sank hinter Corcello ins Meer ... Die ganze Pracht der allerherrlichsten Gegend lag vor uns. Ach, wie habe ich Dich, mein Teurer, zu uns gewünscht.«*

Caroline gewann an Sicherheit und Genussfreude, ihr Erlebnishunger während ihrer vielen allein unternommenen Reisen zeigt uns den Beginn einer Unternehmungslust von – zumeist wohlhabenden – Damen, die bis dahin undenkbar gewesen wäre.

In Berlin kam indessen Wilhelm von Humboldt um eine andere Aufgabe im Staatsdienst nach. Intrigen und wohl auch die Erkenntnis der eigenen Überforderung ließen ihn nach der Einrichtung der Berliner Universität eine neue Aufgabe suchen. Der König, Friedrich Wilhelm III., ernannte ihn zum preußischen Gesandten in Wien. Gesandter wurde man auf Jahre, bis zur Abberufung durch den König. Damit war beschlossen, dass Caroline nach Wien kommen musste. Der Traum, für immer in Rom bleiben zu können, wurde nun zu der beidseitigen Vorstellung, wenigstens in alten Tagen das Leben im geliebten Rom beschließen zu können. Doch als Caroline mit den Kindern und der Dienerschaft, von Rauch bis Florenz begleitet, im Frühherbst 1810 Rom verließ, sollte sie die Ewige Stadt nur noch einmal als Besucherin wieder sehen – ein Lebensabschnitt ging zu Ende. *»Ich scheide in vollem Glanze, nachdem ich mich hier noch an allem Schönsten berauscht habe.«*

Nach zweijähriger Trennung traf sich das Ehepaar mit den fünf Kindern – auch Theodor wurde aus Berlin gerufen – in Wien. Hinter dem Paar lagen ereignisreiche Jahre, die jeder für sich erlebte und die die persönliche Entwicklung Carolines wie Wilhelms tief beeinflusst hatten. Wilhelm von Humboldt hatte mit Johanna Motherby eine Ergänzung seines Wesens erlebt und für Caroline war der Tod ihrer Kinder und die Eigenständigkeit ihres römischen Lebens persönlichkeitsprägend geworden.

Wilhelm von Humboldt hatte bereits eine Wohnung im ›Schmeckenden Wurm‹ in der Wollzeile Nr. 818 gemietet und meinte: *»Die Namen der Häuser hier sind grässlich ... Alles ist ungewiss. Man fühlt sich fremd bei jedem Schritt ...«*

Wien war zu dieser Zeit durch die napoleonische Kontinentalsperre von jeder Warenzufuhr beinahe abgeschnitten, es gab vor allem keinerlei Genussmittel wie Kaffee, Tee oder Zucker. Die Stadt war überteuert, auch gefiel sie den Humboldts ganz und gar nicht, sie fanden sie schmutzig und staubig. Wien hielt den Vergleich mit Berlin, Paris oder gar Rom nicht aus und die Familie konnte sich hier in den vier Jahren, die Wilhelm von Humboldt als Diplomat an Wien banden, nicht einleben. Dazu kam, dass die Familiensprache inzwischen das Italienische geworden war und die Kinder die deutsche Sprache nur mangelhaft verstanden.

Zum Glück ließ die diplomatische Beobachtertätigkeit Wilhelm von Humboldt reichlich Zeit für seine sprachwissenschaftlichen Studien, in die er Caroline eng einband. Nun wandte er sich den amerikanischen Sprachen zu und legte die Grundlage einer modernen Linguistik und Sprachphilosophie.

Die Stimmung in Wien war lähmend, denn genau wie Preußen war das Habsburgerreich gegen Napoleon machtlos und die Annäherung der beiden Staaten, um erneut gegen den Kaiser der Franzosen vorgehen zu können, blieb Humboldts mühevolle diplomatische Arbeit.

Caroline unterstützte ihn auf die bewährte Weise und lud einmal in der Woche zum Salonabend im Hause der preußischen Gesandtschaft am Minoritenplatz ein. Damit unterstrich sie den offiziellen Charakter ihrer Abende in einer Stadt wie Wien, in der die Salons politiktragend waren. Caroline führte einen der hier verbreiteten, weiblich geführten politischen Salons, einen Konversationssalon. Der wohl bekannteste Salon dieser Zeit war der der Madame Fanny von Arnstein. Die gebürtige Jüdin aus Berlin legte ihren orthodoxen jüdischen Glauben nie ab und wurde dennoch in Wien Mittelpunkt eines Kreises antinapoleonisch gesonnener Kosmopoliten. Die Familie Arnstein wurde als erste jüdische Wiener Familie baronisiert und durfte sich nun ›von Arnstein‹ nennen. Die Konversationssprache in den Salons war das Französische, auch wenn man auf die Franzosen heftig schimpfte. Aber »das Wiener deutsch war so schlecht«, bemerkte Arthur Schopenhauer, ein faszinierter Besucher dieses Hauses.

Caroline gelang es, sich dank ihrer vielfältigen Verbindungen aus ganz Europa neben den eingesessenen Wiener Häusern zu behaupten. Der junge Theodor Körner war ständiger Gast, die Brüder Schlegel hielten Vorlesungen über die romantische deutsche Literatur, es kamen Hochadlige wie die Fürstin von Sagan und selbst Fürst Metternich erlag dem Charme der Hausherrin. Alexander von Humboldt blieb wochenlang und ließ sich feiern.

Dennoch wurde Caroline in der heiter-politischen Atmosphäre Wiens nicht heimisch.

In Wien formulierten die Humboldts zum gegenseitigen Wiederfinden und Verständnis ihre »Philosophie der Ehe«: *»Wenn zwei Menschen miteinander gehen in Freude und Leid, die Jahre zusammen beginnen und schließen sehen, bis einer dann auch einmal gehen muss, aber bald der andere nachfolgt.«* Sie konnten diese Philosophie leben, mit den entsprechenden beidseitigen Lebenserfahrungen von Liebe und Ernüchterung, dennoch blieb ihnen die Erkenntnis: *»Das Wirken und Beschäftigtsein um e i n e n Menschen, dies ausschließliche Leben für e i n e n ... ist mir immer das Höchste und Beste gewesen und wird es bleiben ... (aber) Du musst ganz frei und ganz Dein eigener Herr und so glücklich sein, als ich Dich innerlich und äußerlich machen kann.«*

Beide waren sich mit einem Blick auf ihre Umgebung einig, dass die meisten Ehen *»nur übertünchte Gräber«* seien. Beide formulierten ihre Sichtweise, dass diese unglücklichen Verbindungen meist in der Unfähigkeit der Männer, die Frauen richtig einschätzen zu können, entstünden.

»Die Frauen«, so Wilhelm von Humboldt, *» können die äußere Freiheit hemmen, Fesseln anlegen, die Richtung der Kraft einengen, und die besten und geistvollsten Männer können sich das, und gar nicht mit Unrecht, gefallen lassen. Aber die, welche es mit Bewusstsein tun, gewinnen dadurch an Kraft und Geist, an Selbstbeherrschung und Milde ... Der Rat der Frauen ist wie ein Stern, der durch die Wüste des Lebens leitet. Er zeigt die Richtung.«*

Und Caroline von Humboldt: *»Der Punkt des inneren Zusammenhalts bleibt immer die Liebe. (Die Natur) hat mehr für unser Glück als für das des männlichen Geschlechts getan, weil sie das ganze Rätsel des Lebens und seinen Aufschluss in das eine einzige Gefühl gelegt hat.«*

Die politischen Zeitläufte waren unruhig. Die Große Armee Napoleons wurde vor Moskau zurückgeschlagen, Napoleons Glück war vergangen und der Widerstand der unterdrückten Völker nahm Gestalt an. Die Befreiungskriege begannen und der jetzt sechzehnjährige Sohn Theodor kämpfte freiwillig mit. *»Großer Gott, es ist eine ungeheure Zeit ...«*, notierte Caroline.

Nach der Leipziger Völkerschlacht schien ihre Hoffnung auf eine Vereinigung Deutschlands mit demokratischen Ansätzen umsetzbar, eine Hoffnung, die in jenen Wochen die meisten ihrer Freunde teilten. Dagegen standen Kräfte, die auf einer Wiederherstellung des alten Römischen Reichs deutscher Nation, das 1806 aufgelöst worden war, bestanden.

In Wien schienen diese politischen Konstellationen im Kreise der Salonbesucher kaum zu interessieren. *»Hier beschäftigen sich die Leute damit, sich Galakleider sticken zu lassen«*, äußerte Caroline maliziös.

In diesen aufregenden Monaten kam ihr ein Freund der Wiener Salonabende näher, der Arzt David Ferdinand Koreff, ein hoch gebildeter Kosmopolit. Er wurde der Humboldtsche Hausarzt und Caroline gab sich einer späten Leidenschaft zu dem sechzehn Jahre Älteren hin. Sie schrieb an die langjährige Freundin und Vertraute Rahel Levin nach Berlin: *»Ich liebe ihn, wie gewiss nie ein Mensch* *mehr geliebt hat. Vielleicht bekommst Du heraus, ob er mir gut ist ... Humboldt erwarte ich dieser Tage, ich liebe und achte ihn sehr, er verdient es wohl. Auf Koreff freue ich mich unaussprechlich.«*

Wir wissen nicht, wie lange diese Liebe beidseitig gelebt wurde, die brieflichen Zeugnisse geben keine ausreichenden Informationen. Dagegen ist der freundschaftliche Briefwechsel mit Alexander von Rennenkampf, einem Vertrauten ihrer späteren Jahre, erhalten geblieben und publiziert worden.

Humboldt wurde als politischer Beobachter in Paris, London und Neuchatel eingesetzt. Eine unruhige Zeit beschäftigte die Familie. Die Wiener Wohnung musste aufgelöst werden und Caroline folgte in die Schweiz. Eine solche Reise war wieder einmal lebensgefährlich, denn es gab überall unkontrollierte Kampfhandlungen. Die fünfköpfige Familie mit Hofmeister, französischer Jungfer und Dienern trat als Konvoi auf, was die Situation nicht erleichterte. Dennoch kamen sie glücklich in der Schweiz an. Das folgende halbe Jahr in Bern brachte eine lang erwartete Begegnung Carolines mit der europaweit berühmten Salonnière Germaine de Staël, die mit ihrem Begleiter und Liebhaber August Wilhelm Schlegel im nahen Coppet lebte. Caroline, die ihr seit Paris nicht wieder begegnet war, war sofort von dieser freisinnigen, überaus selbstbewussten Französin inspiriert: *»Sie hat mir, bis wir den Salon erreichten, Fragen getan und Interessen berührt, über die man wochenlang reden könnte ...«*

Wilhelm von Humboldt reiste in diplomatischem Auftrag nach England und Caroline blieb die Aufgabe, die Ihren gesund nach Berlin zurückzuführen. Als sie die Schweiz verließ, reiste sie über Straßburg und Köln, der architektonischen Kostbarkeiten dieser alten Städte wegen. In Heidelberg traf sie auf Goethe, dem sie seit zehn Jahren nicht mehr persönlich begegnet war und der sie wiederum in ihren Interessen bestätigte.

Im September 1814 kam die Familie in Schloss Tegel an. Berlin fanden sie sehr verändert vor, die nationale Begeisterung gegen Frankreich schlug hohe Wellen. Caroline sah Berlin sehr realistisch: *»Für die Leute, die zu Fuß gehen, ist Berlin abends unbequem ... und höchst schmutzig ... Es ist über alle Begriffe dunkel ... (Die Töchter) haben Tegel gar nicht hübsch gefunden und rümpften einigermaßen die kleinen Näschen.«*

Dennoch fühlten sich alle wie nach Hause gekommen. Mutter und Kinder wurden sowohl ›bei Hofe‹ als auch in die Adelshäuser eingeladen und sie luden selbst ein. Die gesellschaftlichen Kontakte knüpften sich schnell. Der berühmte Theologe Friedrich Schleiermacher erteilte den Kindern Unterricht, seine aufklärerisch-romantische Philosophie kam Caroline nahe. Bald waren sie heimisch in Berlin und Tegel. Der Briefwechsel zwischen dem Ehepaar wurde täglich geführt, um keinen Informationsverlust in dieser brisanten Zeit aufkommen zu lassen, denn der Wiener Kongress hatte begonnen und Europa wurde neu verteilt.

Dann tauchte Napoleon, aus Elba kommend, noch einmal auf der politischen Bühne auf und mit ihm kam die Befürchtung, neue Kriegszüge könnten das private Familienleben beeinflussen. So wurde eilig eine Hochzeit ausgerichtet: Der Generalleutnant August von Hedemann heiratete die gerade vierzehnjährige Adelheid in Schloss Tegel, ehe er wieder in den Krieg ziehen musste.

Der Politiker Wilhelm von Humboldt hatte einen schweren Stand und bekannte Caroline: *»Mit Dir über die Angelegenheiten meines Geschäftes zu reden, ist mir wirklich ein ernstes Bedürfnis ... Niemandem ist zu trauen.«*
Liberalität schien beiden das Gebot der Stunde für Preußen, eine Haltung, die Humboldt nicht durchsetzen konnte. Denn dem preußischen Staatskanzler Karl August von Hardenberg war der Weltbürger Wilhelm von Humboldt gar zu liberal gesonnen. Er setzte seine Aversion gegenüber dem »preußischen Demokraten« bei dem schwankenden König Friedrich Wilhelm III. durch. Dieser schenkte den Humboldts zwar das schlesische Gut Ottmachau und verlieh Wilhelm das Eiserne Kreuz Erster Klasse, aber das alles waren nur Trostpflaster. Im reaktionär-restaurativen Preußen war für Humboldt wie für liberale Gedanken kein Platz.
Caroline formulierte deutlich ihre kritische Sichtweise: *»Wer mit teil an dem Regieren der Erde nehmen will, der muss sie berühren ...«*
Und nicht nur am grünen Tisch debattieren und um eigene Anerkennung intrigieren, wollte sie damit sagen. Doch sie litt gemeinsam mit ihrem Mann unter dieser reaktionären Entwicklung, die ihr keine Garantie für die Lebensfähigkeit des neu gestalteten Europa zu bieten schien.
In dieser Zeit begann Caroline zu kränkeln und ein Karlsbader Kuraufenthalt wurde der Beginn einer bis zu

ihrem Tode anhaltenden Suche nach Besserung durch Kurreisen. Sie war nun 50 Jahre alt, aus damaliger Sicht also eine alte Frau. Als sich das Ehepaar nach einjähriger Trennung in Frankfurt am Main wiedersah, zogen sie das Fazit nach 25-jähriger Gemeinsamkeit: *»Es ist nun der volle Genuss der Reife, des erprobten Charakters.«*

Der Aufenthalt am Main, im Sommer 1816, umreißt wohl einige der glücklichsten Monate im Eheleben des Paares. Wilhelm von Humboldt wurde der Posten des preußischen Gesandten in London angeboten, um ihn aus Preußen fortzuloben. Sein Legationssekretär Heinrich von Bülow, seit langem der Familie verbunden, erklärte jetzt seine Zuneigung zu der vierzehnjährigen Gabriele. Die Verlobung des jungen Mädchens mit dem elf Jahre älteren Bülow fand im engsten Familienkreis statt. Die Hochzeit wurde fünf Jahre später gefeiert.

Nach den so überaus verbindenden Frankfurter Tagen trennte sich das Ehepaar nur schwer. Während Wilhelm von Humboldt und Heinrich von Bülow nach London reisten, zog es Caroline noch einmal in den Süden. Die Töchter Karoline und Gabriele begleiteten die Mutter. Karoline, die wenig schöne und introvertierte, stand wohl im Schatten der geistvollen Schwestern Adelheid und Gabriele. Auch litt sie an nicht behandelbaren Neuralgien. Für sie war der Aufenthalt im südlichen Klima, wie für die Mutter, zur Stärkung gedacht. Und Gabriele wollte noch einmal die Stätten der Kindheit besuchen, auch ihre Kenntnisse noch erweitern, ehe sie die Ehefrau Heinrich von Bülows wurde. Von Burgörner aus, wo man August und Adelheid von Hedemann, die Schwester und ihren Ehemann, mitnahm, brauchte die kleine Reisegruppe vier

Wochen bis Venedig. *»Es ist ein eigenes Gefühl, mit dem ich das herrliche Land wiedersehe. Vieles, so merk ich, dringt erst jetzt recht in meine Seele, wird erst jetzt so recht von mir verstanden ... Ein großer Genuss ist es mir, den Goethe, seine italienische Reise meine ich, auf dieser zu lesen ... Lies es doch, geliebtes Leben.«*

Diese Art, eine Bildungsreise zu gestalten, wurde später von vielen Nachfolgereisenden übernommen, die mit Goethe in der Hand Italien erkundeten. Über die Toskana und Mittelitalien erreichten die Reisenden Ende Mai 1817 das über alles geliebte Rom. *»Wir lachten und weinten zugleich, wie wir jedes Haus, jedes Fenster erkannten. In seiner Herrlichkeit lag Rom ausgebreitet vor unseren Blicken ... Wie ein Himmel baut sich hier über einem das Gebäude der Kunst zusammen.«*

Noch am selben Abend besuchten sie die Gräber an der Cestiuspyramide, Erinnerungen brachen auf, die die Töchter der Mutter näher brachten, nun, wo sie selbst Erwachsene waren. Man mietete sich wieder im Palazzo Tomati ein und wie vor fünf Jahren kamen die Künstler, der Adel, die Gesandten zur geselligen Abendunterhaltung. Caroline blühte in dieser offenen Gesellschaft, die sich von der preußischen Förmlichkeit der Salons in Berlin so sehr unterschied, auf. »Toll bis zur Überglückseligkeit« fühlte sie sich, als Rauch und Thorwaldsen sich bei ihr einfanden und die geistvollen Gespräche, die Kunstdiskussionen und heiteren Betrachtungen aufleben ließen. In ihrer Euphorie wagte sie sogar eine Kritik am Freund Goethe, dessen Beurteilung einer neudeutsch-patriotischen Kunst sie nicht teilte. *»Er urteilte oberflächlich über das, was tiefer genommen werden sollte ... Goethe ist von Natur ein Heide.«*

Sie selbst befand, dass die deutschen Künstler, vor allem die Gruppe der Nazarener, einen belebenden Geist in die Kunst einbrachten, einen Geist, der ihrer Ansicht nach Bestand haben würde. Zur Unterstützung der Nazarener kaufte sie deren Bilder, von Philipp Veit einen *Sebastian*, von Overbeck *Jakob und Rahel am Brunnen* und Wilhelm von Schadow malte die junge Gabriele. Eine Kopie dieses Gemäldes hängt heute im Gabriele-von-Bülow-Gymnasium in Berlin-Reinickendorf.

Bertel Thorwaldsen war zu einem Meister der Bildhauerkunst herangereift, er war, wie Caroline es nannte, *»zu einer schwindlichten Höhe als Künstler«* aufgestiegen.

Eine Arbeit gefiel ihr so gut, dass sie Wilhelm von Humboldt davon berichtete: *»›Die Hoffnung‹. Diese weibliche Gestalt trägt eine Granatblume in der Rechten, während die Linke das Gewand rafft ... wie sie leicht von dem Fußgestell, obgleich sie mit beiden Füßen darauf steht, einem entgegenzuschweben scheint, im höchsten Sinne des Wortes graziös.«*

Die Marmorfigur der Spes, der Göttin der Hoffnung, erwarb Caroline mit ihrem geschulten Kunstsinn. Sie war inzwischen als einzige Frau ihrer Zeit in der Kunstwelt zu einer angesehenen wie befördernden Kritikerin geworden.

Diese Statue der Spes steht heute im Mittelpunkt der Grabanlage der Familie von Humboldt am Ende des Parks in Tegel, gut sichtbar von den Wohnräumen des Schlosses.

Im Sommer verließen Caroline und die Töchter die Stadt und fuhren über Neapel nach Ischia, dessen Heilklima für die Tochter Karoline empfohlen worden war. Die

Schönheit der Insel überraschte und begeisterte alle. *»Die ganze Insel ist wie ein Weinberg ... Das Volk ist gut und arbeitsam, ein Verbrechen, eine Dieberei sogar unerhört, alles schläft hier mit offenen Türen.«* Die ersten Kurreisenden genossen die idyllischen Zustände auf der Insel.

Die Ruhe und das Wasser stärkten die Gesundheit der Tochter Karoline, und als man im September wieder in Rom eintraf, genoss man die Schönheit der herbstlichen Farben umso intensiver. Der Winter verfloss Caroline und den Töchtern mit Kunstbesuchen und Gesellschaft, zu der, von Berlin kommend, auch Rauch gehörte sowie der spätere bayrische König Ludwig I., der feststellte: *»Ich kann nicht ruhig schlafen, ehe ich nicht in Frau von Humboldt wie in einem Spiegel alles wieder erblickt habe, was ich den Tag über sehe und genieße!«*

Immerhin feierte die so Umschwärmte am 23. Februar 1819 ihren 53. Geburtstag und die sechzehnjährige Gabriele schrieb an ihren Verlobten nach London: *»Den ganzen Morgen kamen Besuche, um der lieben Mutter zu gratulieren. Sie hat von den Künstlern die schönsten Geschenke bekommen ... Die liebe Mutter wird hier wirklich allgemein verehrt und gefeiert, und es wird ein großer Schmerz sein, sie scheiden zu sehen. Es ist sehr angenehm, dieser Empfindung gewiss zu sein im Kreise seiner Gesellschaft ... Doch diese wohltuende Empfindung würde die liebe Mutter überall und an jedem Ort genießen, denn sie trägt die Ursache davon in ihrem Gemüt ... Abends kamen die Künstler, auch verkleidet in wunderbarem Aufzuge, und brachten allerhand Witze vor. Nun wurde soupiert und darauf getanzt. Es herrschte die munterste Laune bei allen, und ein jeder war froh und heiter.«*

Vielleicht hoffte Caroline, in Rom bleiben zu können, bis ihr Mann sich von seinen Aufgaben zurückziehen würde, um mit ihr dann in Rom zu leben. Aber Wilhelm von Humboldt sah keine Möglichkeit, diesen Träumen entsprechen zu können, und drängte: *»In diesem Monat, liebe Li, werden es also zwei Jahre, dass wir uns nicht sahen … Ich freue mich, wie ich es gar nicht sagen kann, auf Deine Zurückkunft; es geht mir ein neues Leben an, und es ist mir, als hätte ich mich nie aus so tiefer Brust danach gesehnt.«*

Caroline reiste also mit den Töchtern zurück nach Berlin. Sie war sich sicher, Rom nie wieder zu sehen, weil sie doch in einem Alter war, wo derartige Reisestrapazen auszuhalten absehbar nicht mehr möglich war. *»Ich scheide von Rom, wie man vom Leben scheidet.«* Als die kleine Familiengruppe auf der Rückreise erfuhr, dass Wilhelm von Humboldt länger als gedacht in London bleiben musste, kehrte Caroline kurz entschlossen noch einmal nach Rom zurück. Diese Aufregungen des Hin und Her strengten sie derartig an, dass der Winter in Rom verbracht werden musste und Carolines Gesundheit darüber hinaus durch rheumatische Beschwerden belastet wurde. Erst im Mai 1819 sah sie sich wieder imstande zu reisen. Nun verließ sie die Ewige Stadt zum endgültig letzten Mal. Die Reise gestaltete sich wegen der auftretenden Krankheitssymptome schwierig, drei Wochen wurde in Florenz pausiert, dann in Mailand.

»… die Mattigkeit … ist ungemein groß und leider ist diese beinah permanent. Meine Brustbeschwerden haben eher zu- als abgenommen. Ich habe hier auch schon den Brustkrampf gehabt, doch nicht übermäßig stark.«

Diese Beschwerden begleiteten sie von nun an unablässig, das Alter machte sich bemerkbar.

Die gesamte Familie traf sich auf halbem Wege in Heidelberg. Wilhelm von Humboldt kam aus London, die Schwester Adelheid und ihr Mann August von Hedemann aus Erfurt und Theodor kam mit seiner jungen Frau. Theodor hatte im Jahr zuvor, ohne Teilnahme der in England und Italien befindlichen Eltern, die achtzehnjährige Mathilde von Heineken geheiratet. Caroline genoss dieses familiäre Wiedersehen, musste jedoch eine Kur in Bad Ems einschieben, um wieder zu Kräften zu kommen. Erst Ende September kam sie endgültig in Tegel am »nordischen Geistersee« an. Ihr war wohl bewusst, nun die Altersjahre vor sich zu haben. Sie richtete sich in Berlin und Tegel endgültig ein.

Auch Wilhelm von Humboldt überlegte, wie die Altersjahre verlaufen sollten. Er, dem die privaten Interessen stets wichtig geblieben waren, war nicht gewillt, sich weiterhin preußischer Staatsraison anzupassen. Er hatte im Sinne seiner Ideale dem Staat Preußen mit bestem Gewissen gedient und war sich mit Caroline einig: *»Wir haben Vieles und Großes genossen ... wir müssen das Ende des Lebens nicht herabsinken lassen.«*

Beide waren aus heutiger Sicht mit etwas über 50 Jahren noch nicht alt. Für die damalige Lebenserwartung allerdings, die bei ca. 65 Jahren für Männer und 55 Jahren für Frauen lag, wurden Überlegungen zur Gestaltung der letzten Lebensjahre nahe liegend. Auch waren die Zeiten dazu angetan, private Prioritäten zu setzen. Die großen Politiker der Zeit, Metternich und Hardenberg, waren für

den demokratisch gesonnenen Humboldt nach den sogenannten Karlsbader Beschlüssen mit dem Einsetzen einer
strikten Zensur keine Partner.

Der Fürstkanzler August von Hardenberg schließlich
erzwang vom zögerlichen Friedrich Wilhelm III. eine Entscheidung: er oder Humboldt. Humboldt wurde in Ehren
entlassen.

An den Verlobten Bülow schrieb Gabriele: »... *doch war
unser aller erster Gedanke, dass, da es über kurz oder lang
so kommen musste, es im besten Augenblick für die Person
des Vaters selbst gekommen ist, und so sind wir sehr ruhig,
da wir über dem in unserem häuslichen Leben unendlich
mehr gewinnen als verlieren ... In solchen Fällen ist es ein
Glück, Vermögen zu haben ...*«

Wilhelm von Humboldt hatte schon im September 1819
seine Vorstellungen an Caroline formuliert: »*So schließt es
sich am Abend des Lebens ruhig und freundlich mit den Kindern zusammen, und wir gehen in heiterem Rückblick auf
die Lebenden zu den Gestorbenen. Wir haben wirklich viel
Glück im Leben gehabt, es hat wie ein Segen auf uns geruht,
weil ich Dich hatte, mein süßes, einzig geliebtes Kind.*«

Humboldt war am Ziel seiner lebenslangen Wünsche an-
gelangt. Nun konnte er sich seinen sprachwissenschaftlichen Forschungen und der Familie in Ruhe widmen. Gabriele schrieb: »*Der Vater ist liebenswürdiger denn je und
froh, in der lang entbehrten Freiheit sich nach seinem Gefallen beschäftigen zu können.*«

Caroline fiel es offensichtlich wesentlich schwerer, die
Gegebenheiten zu akzeptieren. Ihr Gesundheitszustand
wurde immer bedenklicher, rheumatische Anfälle wur-

den Anlass, um reisen zu müssen. Der Sommer des Jahres 1820 sah Humboldt in Tegel, während Caroline mit den noch im Hause lebenden Töchtern Karoline und Gabriele über Dresden nach Karlsbad reiste.

Es scheint, als ob sich Caroline nur langsam an einen ruhigen gemeinsamen Lebensabend in Tegel gewöhnen konnte. Sie, die eigenständig und gefeiert den größten Teil ihres Lebens selbst bestimmt hatte, reagierte auf die alters- und gesundheitsbedingte Einschränkung offensichtlich auch psychosomatisch. Natürlich waren ihre Gedanken zur Gestaltung des gemeinsamen Alters denen Humboldts ähnlich. Nun aber war es soweit. Das Paar beschloss, Tegel als Alterssitz moderner ausbauen zu lassen. Das Schloss schien ihnen wegen der Nähe zu Berlin und der idyllischen Lage am besten geeignet. Ab 1821 wurde der Bau vom Freund Karl Friedrich Schinkel nach gemeinsamen Vorstellungen erweitert und umgestaltet, ohne die Form des alten Jagdschlosses zu verändern. Ein Landhaus im geliebten, stets nahe erinnerten italienischen Stil mit turmartigen Flügelbauten an allen vier Ecken wurde gestaltet, die Parkfassade durch vier Nischen mit nachgebildeten antiken Marmorstatuen unterbrochen. Die aus Rom mitgebrachten Kunstgegenstände wurden überlegt im Haus eingegliedert, sie entsprachen dem ästhetischen Lebenskonzept des Ehepaares: Lebenskultur durch den Genuss klassischer und in klassischer Schönheit.

Es begannen die Tegeler Jahre, die Jahre eines gereiften, in Harmonie aufeinander eingehenden Ehepaares. Im Winter lebten die Humboldts in ihrem Palais in der Jägerstraße und pflegten einen Freundeskreis, der sich aus

Mitgliedern des Hohenzollernhauses, aber vor allem auch aus ehemaligen Kollegen und Mitarbeitern Wilhelm von Humboldts zusammensetzte. Im Sommer kamen die Gäste gern nach Tegel, um die Schönheiten der Landschaft und die Kultur des Schlosses zu genießen.

Allerdings hielten sich diese Gesellschaften im engen Rahmen, Caroline war nun auch nicht mehr strahlender, belebender und charismatischer Mittelpunkt, sondern mit ihrem Mann gemeinsam Gastgeberin und Anregerin für die Themen, die sie und ihren Mann in diesen Jahren intensiver beschäftigen konnten als je zuvor. Die Sanskritforschung faszinierte beide. Philologisch ein Leben lang begabt und interessiert, nahm Caroline an den Studien zu chinesischen, malayischen und amerikanischen Sprachen intensiven Anteil. In der gemeinsamen Arbeit erlebten sie, was sie in ihren Briefen erwünscht hatten: eine enge geistige Verbundenheit bis in die Altersjahre.

Der nun beginnenden Biedermeierzeit standen sie fremd gegenüber. Die Jahre der Restauration in Politik und Alltag bedeuteten für die meisten Menschen einen Rückzug in die Familienidylle und deren ausschließliche Betonung. Selbst in der Mode mit ihren Schuten und Blümchenkleidern nahmen die Humboldts die Zeichen geistiger Einengung wahr. Ihre Ideale waren ein Leben lang von der Größe der deutschen Klassik und der Schönheitsvorstellung der Romantik bestimmt gewesen. Auch der lebenslange Kontakt zum Geistesfreund Goethe war ihnen eine Bestätigung der Bedeutung des universalen Denkens.

Caroline begann in den langen Wintern in Berlin ein Studium von Goethes Morphologie. Sie war wohl die einzige Frau ihrer Zeit, die die zukunftsweisende Bedeutung der naturwissenschaftlichen Forschung Goethes erkannte und propagierte.

Mit den Freunden in Paris, Wien und Rom begann sie einen ausgedehnten Briefwechsel. Er musste ihr die geliebten gefühlsbetonten und anregenden Gespräche von einst ersetzen und er ließ ihr die Menschen, an denen ihr lag, nahe bleiben. Die Zeiten waren aufregend genug, um sich mit den Vertrauten austauschen zu müssen, wenn man wie Caroline stets politisch aufgeschlossen gedacht hatte. Mit Bettina von Arnim, der neunzehn Jahre Jüngeren, teilte sie die Begeisterung für den beginnenden Freiheitskampf der Völker, der Griechen und Polen. Und aus Rom waren inzwischen große Künstler wie Rauch, Tieck, Schadow nach Berlin zurückgekehrt und belebten ihre Abende.

Anregung brachte auch der enge familiäre Umgang mit dem Schwager Alexander. Caroline besuchte in der Berliner Singakademie seine Kosmos-Vorträge, die Quintessenz seiner Reisen, eine wissenschaftliche Sensation für Berlin. Sie war es auch, die Alexander von Humboldt zuredete, seine Vorträge drucken zu lassen, da sie die Faszination bemerkte, die seine Forschungen auslösten: *»Bei den ersten Vorlesungen, deren ungefähr zehn stattfanden, sind nur Studenten und einige wenige andere ältere Männer, bei der zweiten, von denen er erst eine Stunde gab, etwa unter 800 Zuhörern 400 Frauen. Er spricht frei ...«*

Persönlich wurden ihr diese Jahre nun doch zum Ruhepol ihres Lebens und sie äußerte: *»In ewigem Wechsel, denn bleibend ist nichts, rückt alles vor – und endlich hinaus aus der Welt. Wohin? Ach, näher der Urquelle zu. Die Jahre gehen, eins reiht sich still und ernst dem anderen an, bald vielleicht ist man am Ziel ... Wie Gott will!«*

Ganz so still verliefen diese letzten Lebensjahre Carolines im Alltag allerdings nicht. Mit fünf Kindern, waren sie auch erwachsen, gab es immer Leben und Trubel. Karoline, die kränkliche Älteste, hatte sich mit ihrem Dasein als Stütze der Eltern und Geschwister abgefunden.

Der Nächstgeborene, der Sohn Theodor, war das Sorgenkind der Familie. Geistig wenig begabt, interessierte er sich für alles Militärische. Die preußische Armee allerdings schien dann auch nicht das Geeignete, denn er quittierte den Dienst als Leutnant, also mit einem geringen militärischen Rang. Eine leidenschaftliche Liebe veranlasste ihn zur Heirat gegen die Ansicht seiner Eltern mit der leichtlebigen lebenslustigen Mathilde von Heineken. Die Ehe, aus der zwei Kinder hervorgingen, wurde geschieden. Das war, auch bei aufgeschlossenen Eltern wie den Humboldts, eine nicht so leicht gutzumachende

Fehlentscheidung. Theodor wurde Erbherr auf dem schlesischen Gut Ottmachau und verstarb in Berlin im Alter von 74 Jahren. Sein Sohn Wilhelm, dem wiederum drei Söhne geboren wurden, führte die Humboldtsche männliche Linie in Schlesien weiter.

Die Ehe der so jung verheirateten Adelheid von Hedemann erwies sich als nicht ganz so glücklich, wie sie begonnen wurde. Das Paar blieb kinderlos und Adelheid kümmerte sich dafür rührend um die Nichten und Neffen, vor allem die Kinder ihrer Schwester Gabriele.

Die auf Caroline folgende Frauengeneration der Familie von Humboldt hatte damit unterschiedliche weibliche Lebensformen vorzuweisen: allein stehend, verheiratet ohne Kind, verheiratet mit Kindern. Gemeinsam war ihnen allen das Vorbild einer auffällig selbstständigen, hochintelligenten, von ihren Kindern geliebten Mutter.

Gabriele heiratete mit neunzehn Jahren Heinrich von Bülow. Caroline erlebte noch die Geburt von drei der insgesamt sieben Kindern ihrer Tochter. Sie genoss die Großmuttergefühle mit den Worten: *»Etwas Schöneres als ein gesundes, wohliges Kind gibt's in der Schöpfung nicht.«*

Hermann, der Jüngste, wurde in Internaten erzogen. So war Caroline mit all den Familienpflichten, die eine große Familie mit sich bringt, durchaus beschäftigt und musste wohl manchmal darauf achten, für ihre wissenschaftlichen Arbeiten in Gemeinschaft mit ihrem Mann Zeit aufbringen zu können.

Als der Schwiegersohn Heinrich von Bülow als Diplomat Preußens nach London versetzt wurde und die Tochter und Enkelkinder für Jahre nach England zogen, war ihr Lebenswille immerhin stark genug, um noch ein letztes

Mal eine aufwändige Reise zu unternehmen. Im Frühjahr 1828 reisten die Eltern Humboldt mit Karoline, Gabriele und den drei Kleinen, mit Jäger, Dienern und Jungfern nach London. Sie reisten über Frankfurt am Main nach Paris. Überall wurden Freunde aufgesucht, Erinnerungen aufgefrischt und die neue Zeit besprochen. Restauration und Unruhen bestimmten die Atmosphäre in den Metropolen Paris und auch hier in London. Caroline war bewunderter Mittelpunkt, ihr Charme und ihre Kenntnisse waren noch bestens bekannt – sie wurde als »Zelebrität« behandelt. Vor allem begeisterte die geistige Frische der damals 62jährigen.

Als die Humboldts zurückreisten, war Carolines Energie jedoch gebrochen. Der Abschied von der Tochter erschien ihr als Abschied vom Leben. Die Anstrengungen der Rückreise und die Öde im kinderleeren Schloss Tegel brachten verstärkte Beschwerden, die auch der berühmte Dr. Dieffenbach, inzwischen mit der ehemaligen Liebe Wilhelm von Humboldts, Johanna Motherby, verheiratet, nicht mehr aufhalten konnte.

»Setze den Fuß nur leicht« war Carolines Lebensmaxime gewesen und so starb sie mit einem Lächeln. Es war der 26. März 1829, sie stand im 63. Lebensjahr. Unter der Thorwaldschen Statue der Spes wurde ihr Grabstein der erste auf einer von Schinkel neu angelegten Familiengrabstätte, die ihre Nachkommen um sie versammeln sollte. Die Statue wurde später durch eine Kopie, die Friedrich Tieck fertigte, ersetzt. Wilhelm von Humboldt überlebte sie nur um sechs Jahre. *»Das Zusammenleben mit meiner Frau war und ist die Grundlage meines Lebens, ich fühle mich daher in meinem Innersten angegriffen und zerstört.«*

Die Töchter blieben nun seine Hauptfreude. Der Sohn Theodor war ihm längst entfremdet und der jüngste Sohn, Hermann, war früh aus dem Haus gegangen und stand dem Vater emotional nicht nahe. Karoline blieb um den Vater, versorgte ihn und lebte mit ihm – einen lebhaften geistigen Austausch konnte sie nicht bieten, aber ein liebevolles für ihn Dasein blieb ihre Aufgabe. Adelheid und Gabriele pflegten mit dem Vater einen überaus innigen Briefwechsel, der ihm offensichtlich für die verbleibende Zeit Lebenskraft gab. Hauptsächlich aber lebte er in der Vergangenheit, sammelte die Ehebriefe und übergab sie den Töchtern. Den mit Schiller geführten Briefwechsel gab Humboldt 1830 selbst heraus.

Er lebte vollständig zurückgezogen in Tegel, bald auch körperlich merklich gealtert.

Um Carolines Bild der letzten Jahre immer vor Augen zu haben, ließ Wilhelm von Humboldt noch im Jahr 1829 den Berliner Porträtisten Karl Wilhelm Wach eine Zeichnung Carolines anfertigen. *»Sie ist wundervoll und unendlich rührend durch die große sprechende Ähnlichkeit ... Außer der sprechenden Ähnlichkeit der Züge ist nun der seelenvolle Ausdruck so tief und wahr aufgefasst.«*

Diese Darstellung kann die Leserin, der Leser auf dem Buchcover in Ruhe aufnehmen und sich einen eigenen Eindruck von der Wirkung des Bildes der Caroline von Humboldt auf die heutigen Betrachter machen.

Wilhelm von Humboldt verstarb mit dem Gedanken, in dem er sich mit Caroline stets einig gewusst hatte: *»... dass der Geist doch das Höchste ist und nicht untergehen kann.«*

VIER

Adelheid und Gabriele – die gebildeten Töchter

Von den drei überlebenden Töchtern Caroline und Wilhelm von Humboldts übernahm Gabriele die weibliche Führungsrolle innerhalb der nächsten Generation. Das lag hauptsächlich an ihrem Charakter und ihrer persönlichen familiären Stellung als engste Vertraute von Mutter und Vater. Aber sie war auch diejenige, die mit sieben Kindern, davon fünf Mädchen, die Erbfolge in der Familie fortführte. Denn Karoline und Adelheid waren kinderlos geblieben.

Während uns von der ältesten Tochter Karoline nur ein blasses Bild aus Kränklichkeit, Bescheidenheit, Häuslichkeit und Unauffälligkeit geblieben ist, lebte die am 17. Mai 1800 in Paris zur Welt gekommene Adelheid ein offensichtlich konventionell geprägtes, durchschnittliches Frauenleben, das dennoch individuelle Besonderheiten aufweist. Adelheids Geburt stand unter den günstigsten Vorzeichen, die die Mutter Caroline dem Großvater in Dacheröden lebhaft schilderte: *»In der Tat habe ich kein glücklicheres Wochenbett als dieses gehabt, so schnell stellen sich meine Kräfte, meine ganze Heiterkeit und Gesundheit wieder ein. Die kleine Adelheid ist außerordentlich wohl, groß und stark ... Die Kleine hat wie ich dunkelblaue Augen und braunes Haar.«*

Die gesunde kleine Adelheid wurde von den Geschwistern begeistert angenommen. Als zwei Jahre später, am 28. Mai 1802 in Berlin, die nächste Tochter, Gabriele, geboren wurde, waren die beiden Mädchen, die sich im Alter am nächsten standen, bald eng miteinander verbunden.

Die älteren Geschwister, die acht Jahre ältere Karoline, der sechs Jahre ältere Wilhelm, der 1803 verstarb, und der drei Jahre ältere Theodor hatten alterstypische eigene Wege und wurden von eigenen Kinderfrauen betreut.

Die Kinderjahre der Schwestern im sonnigen Rom, wo sie von 1802 bis 1810 mit den Eltern und Geschwistern aufwuchsen, prägten beider kindliche Weltsicht. Es waren aus heutiger Sicht ideale Bedingungen in einem Elternhaus, in dem ihnen die Mutter neben der liebevollen Zuwendung auch ein Vorbild an weiblicher Selbstbestimmung und weiblicher Selbstverwirklichung vorlebte. Aber anders als in den Familien, die ihnen bekannt waren, begleitete auch der Vater liebevoll, mit Interesse und Engagement die Entwicklung der Mädchen.

Vor allem nach dem Tod des Bruders Wilhelm 1803 in L'Ariccia, als die Mutter mit dem kranken zweiten Sohn Theodor zurück nach Deutschland reiste, um Theodor im gesünderen nördlichen Klima gesund zu pflegen, begannen einprägsame Kinderjahre für Adelheid.

Sie war mit ihren vier Jahren »die Große« und fühlte sich für die kleine zweijährige Gabriele mitverantwortlich. Für den Vater bedeutete die Zeit, die er mit den kleinen Mädchen verbrachte, eine große Bereicherung, wie er seiner Frau gegenüber immer wieder betonte. Der viel beschäftigte wie breit interessierte Weltmann und Gelehrte ließ die Kinder in seinem Arbeitszimmer spielen, um sich an ihrer Gegenwart und ihren Spielen zu erfreuen. Er brachte sie zu Bett und war beim Aufstehen am Morgen anwesend.

Ihm verdanken wir auch nähere Darstellungen dieser die Bindung Vater-Töchter prägenden beiden Jahre, an die sich vor allem Adelheid ihr Leben lang gern erinnerte: *»Gabrielle und Adel sind wohl und immer bei mir. Adel ist göttlich und macht mir unendliche Freude ...*

Eben lacht die Adel aus vollem Halse mit Gabrielle zusammen, könntest Du sie doch einmal hören! Sie sind allerliebst zusammen, die Adel geht wie mit ihrem Kinde mit ihr um und sorgt dafür, dass sie alle Tage spazieren gehen muss. Erst fragt sie mich deutsch um Erlaubnis und danach geht sie zu Vicenza (der italienischen Kinderfrau, die Verf.) ... Adel ist von übersprudelnder Heiterkeit. Für sich spricht sie immer italienisch, nur mit mir deutsch und fängt auch da oft italienisch an und wenn man nicht so mit römischem Akzent spricht wie sie, so sagt sie gleich: Ma dite bene, dite cosi! (Aber sprecht ordentlich, sagt so!)«

Die kleine Adelheid zeigte von früh an einen sehr praktischen Sinn, war überaus ordentlich und hatte die Fähigkeit, recht energisch ihren Willen durchzusetzen – vor allem gegenüber der kleineren Schwester spielte sie sich oft als Stärkere auf und reglementierte unter anderem, was sie anziehen sollte. Gabriele gab ihr in allem nach.

Als sie sich nicht mehr mit der kleineren Schwester abgeben wollte, stimmte der Vater zu, denn er war der modernen Meinung, man solle ein Kind nicht zwingen, Adelheid werde von selbst erkennen, was ihr die Schwester bedeute. Überhaupt ließ der Vater Freiheiten zu, die in jenen Zeiten auch in Italien keinesfalls zur ›guten Mädchenerziehung‹ zählten. Er erzählte seiner Frau zum Beispiel folgende Begebenheit voller Heiterkeit: *»Die Adel hat hier ei-*

Adelheid und Gabriele
Gemälde von Gottlieb Schick, 1809

nen sicheren Balkon, auf dem sie manchmal steht und nach der Straße sieht. Von da herab hält sie Konversationen mit den Kindern, die sich unten versammeln ... Neulich hatte sie eine göttliche Szene. Sie erzählte den Kindern sehr weitläufig, dass sie in Paris geboren wäre – das ließen sie nun so hingehen – dass sie einen Mann habe – da lachten sie schon – und dass sie sechs Kinder hätte. Darüber machten die unten einen großen Lärm. Adel nahm das aber so übel, dass sie sich auf die Erde warf und fürchterlich weinte. Wie sie indes sah, dass das Weinen nicht half, sprang sie auf einmal auf, lief wieder hin und schimpfte nun aus vollem Halse: »Maledette bestie« *(verdammte Bestien) und Gott weiß was für entsetzliche Schimpfwörter ... zum Totlachen.«*

Seit Rousseaus Erziehungsideale Einfluss genommen hatten, waren nun schon einige Jahrzehnte vergangen, doch die Erziehung adliger Kinder war keinesfalls allgemein von ihnen geprägt worden. Die meisten Eltern hätten sich in solch einem Fall keineswegs totgelacht, sondern sie hätten die Erzieherin des Mädchens zur strengsten Verantwortung gezogen, weil diese überhaupt den Kontakt mit Straßenkindern erlaubte. Die Humboldts praktizierten hingegen eine großzügige Erziehung, Kinder ihrer Anlage und ihren Interessen gemäß aufwachsen zu lassen. Adelheid war ein feuriges und lebhaftes Kind und diese Eigenschaften durfte sie ungehindert ausleben. Sie wurde weder ständig ermahnt noch in einen Bildungszwang gegeben, sondern sollte aus ihrer Umgebung aufnehmen und lernen, was ihr zusagte.

Die Entwicklung der Schwestern zeigte bald recht unterschiedliche Charaktere. Adelheid war von erstaunlicher praktischer Übersichtlichkeit und an allem, was das Hauswesen betraf, frühzeitig interessiert. Andererseits war sie lebhaft und erzählfreudig, »ganze Romane schreibt sie, wenn sie einen Brief verfasst«, meinte der Vater.

Gabriele dagegen wirkte verträumter, war weniger praktisch als theoretisch veranlagt und zeigte intellektuelle Fähigkeiten.

Als die Mutter nach Rom zurückkehrte und kurz darauf der Vater die Familie verließ und ein Zusammentreffen der gesamten Familie erst nach zwei Jahren in Wien möglich wurde, waren das für die heranwachsende Adelheid Jahre, in denen sie mehr und mehr auch die häuslichen Pflichten der Mutter, also die Anleitung der Dienstboten, aber auch die Abrechnung des Haushaltsgeldes und größere Einkäufe wie Kleidung mit übernahm und ein geringeres Interesse an ihrer geistigen Ausbildung zu zeigen begann. Natürlich las sie gern und debattierte mit der jüngeren Schwester, aber ihre Lektüre waren wohl vor allem französische und italienische Romane, die von jungen Mädchen bevorzugt wurden.

Die Wiener Jahre waren die Jahre der Pubertät. Trotz aller gesellschaftlichen Anerkennung im Salon ihrer Mutter fiel Adelheid die Umstellung von Italien schwer. Die Bildung der Mädchen wurde wieder strenger aufgenommen, denn ihre Lücken, vor allem in der deutschen Sprache und Kultur, mussten aufgefüllt werden. Die Eltern bestanden auch auf dem Erlernen des Griechischen als Grundlage klassischer Bildung, was Adelheid nicht einfach fiel. Gabriele jedoch zeigte ungewöhnliche Leistungen. Vor allem wurde nun ein gepflegtes Deutsch verlangt. Daran waren die Mädchen nicht gewöhnt, sie sprachen italienisch, teilweise ein hervorragendes Französisch und ein gediegenes Englisch, aber das Deutsche sprachen sie stets nur nebenher und damit unsauber. Jetzt in Wien lernten sie Hochdeutsch. Dazu wurden sie häufig ins Theater mitgenommen, vor allem, wenn Schillers und Goethes Werke gegeben wurden. Auch die Briefe an den Vater mussten nun in Deutsch abgefasst werden. Gabriele berichtete von einem eigenen Theaterprojekt: *»Lieber Vater! Montag haben wir Deinen Geburtstag freudig gefeiert. Nämlich Adel und ich haben eine kleine Komödie gespielt, von Körner gemacht. Adelheid war die Donaunymphe und ich die Tibernymphe. Die Donaunymphe singt ein kleines Liedchen mit der Guitarre, dann sagt sie einen Monolog, und dann komme ich von Italien und bedaure, dass Du nicht mehr da bist und wir winden einen Kranz für Dich ... Lebe wohl, ich küsse Dich.«*

In seiner Königsberger Zeit war Wilhelm von Humboldt mit dem Adjutanten des Prinzen Wilhelm von Preußen, August von Hedemann, zusammengetroffen. Eine Freundschaft war entstanden und in Wien führte der Vater den Freund bei der Familie ein. Während dieser Begegnung wurde ein Briefwechsel zwischen August von Hedemann und der heranwachsenden Adelheid vereinbart, damit diese das Deutsche besser beherrschen lernte. August von Hedemann fand die heranwachsende Adelheid reizend und aus dieser Sympathie heraus willigte er in den Briefwechsel ein. Überraschend für beide wurde ihnen dieser schriftliche Austausch wichtiger, als sie erwartet hatten. Sie teilten sich sowohl familiäre Neuigkeiten als auch Zeitereignisse mit, denn der Kampf gegen die napoleonische Besatzung nahm Formen an. Hedemann als Militär war verwundert, welches Interesse Adelheid für seine Tätigkeit aufbrachte und welche Fortschritte sie in ihrer Bildungsentwicklung zeigte.

Die Befreiungskriege erlebte Adelheid sehr bewusst, denn der Dichter und Jugendfreund Theodor Körner, der freiwillig in den Krieg gezogen war, fiel 1813, tief betrauert. Auch der Bruder Theodor stand bei den Freiwilligen und wurde verwundet. Zum ersten Mal lernten Adelheid und Gabriele die Leiden eines Krieges kennen, natürlich nur aus Darstellungen von Freunden und Verwandten, aber es muss sie beeinflusst haben, denn die Mutter schreibt an Gabrieles 12. Geburtstag über die Entwicklung der Schwestern: *»Jede Hilfe leisten, jede Freude spenden, mit der man vom Herzen zum Herzen dringt, jede Träne ehren, jedes Gemüt, soweit man es erkennt, zu begreifen suchen, streng gegen sich, nachsichtig gegen andere ... das haben die Mädchen jetzt gelernt.«*

Die vierzehnjährige Adelheid war für ihr Alter auffällig, sie wirkte erwachsener als ihre Jahre es vermuten ließen. Ihre selbstbewusste Haltung und ihre freundlichen Umgangsformen fielen den Gästen des Hauses auf. Selbst der Diplomat Friedrich Gentz, ein in den Salons Europas bekannter Gast und Frauenkenner, war von Adelheids »Lieblichkeit ganz außer sich«.

Die Mutter Caroline machte sich ihre eigenen Gedanken über Adelheid und schrieb an ihren Mann: *»Für Adelheid bin ich ruhiger ... Hedemann erwarte ich mit Liebe und Freude. Ich werde nichts dazu tun (Du weißt, was ich meine), ich glaube, das sind Dinge, die man bei so edlen*

Charakteren gewähren und sich von selbst entfalten lassen muss. Es freute sie sehr, dass Hedemann käme, uns zu sehen, aber mehr kindlich, als dass sie irgendeine andere Idee damit verbände. Er ist ein edler Mensch und wenn sie sich lieben, so gönne ich sie ihm. Es ist ein Schatz von Liebe und Frohsinn und zugleich von Tiefe in ihr ...«

Auch vorausgesetzt, Adelheid wäre mit ihren vierzehn Jahren frühreif entwickelt gewesen, erstaunt diese Großzügigkeit der Mutter doch. Aber Hedemann konnte doch nicht kommen und die Familie begab sich auf die lange geplante Rückkreise von Wien nach Berlin. Sie fuhren über Rudolstadt, um die Lebensfreundinnen Caroline von Humboldts, Caroline von Wolzogen und Charlotte von Schiller, wieder zu sehen.

Die Begegnung in Rudolstadt wurde dadurch gestört, dass die Kinderfrau des kleinen zweijährigen Hermann verrückt wurde und sich einbildete, das Kind ermorden zu müssen. Sie musste ins städtische Irrenhaus eingewiesen werden, ein Erlebnis, das die Schwestern aus nächster Nähe miterlebten. Nun übernahm die praktische Adelheid die Betreuung des kleinen Bruders, denn so schnell konnte kein Ersatz für die Jungfer gefunden werden und die Mutter Caroline »ertrug das Lärmen des kleinen Hermann« nicht. Gabriele schien noch zu verspielt, um diese Verantwortung zu übernehmen.

In Berlin kamen Caroline und ihre Töchter samt Hermann im November 1814 an. Die Mädchen fanden die Mark Brandenburg ärmlich, Berlin grau und Tegel im Winter gefiel ihnen auch nicht besonders. In ihnen steckten noch die italienische Wärme und Kultur, es dauerte Monate, ehe sie sich in Tegel zu Hause fühlten und langsam begannen, die kargen Schönheiten der Berliner Landschaft aufzunehmen.

Caroline von Humboldt legte Wert darauf, ihre Kinder bei Hofe, also am Berliner Hof, vorzustellen. Die beliebten Kindertees, Nachmittage, wo die Prinzen und Prinzessinnen adlige Altersgenossen einluden und sich so Freundschaften entwickeln konnten, wurden von Adelheid und Gabriele besucht und ihre kosmopolitische Art erregte allgemein Aufsehen.

Nun wurde letzter Schliff an ihre Bildung gelegt, Religionsunterricht gab der berühmte Theologe Schleiermacher. Die Mutter äußerte zufrieden: *»Des Morgens sind die kleinen Mädchen unerbittlich und nehmen keinen Besuch an, sie sind immer im Nebenzimmer und arbeiten. Es ist diese Lust an Beschäftigung und Eingezogenheit überhaupt ein sehr hübscher Zug an den Kindern. Sie freuen sich jedes Mal, wenn wir einen Abend unter uns sind oder nur noch mit einem einzigen, wie Rauch z.B., der wie zur Familie gehört ...«*

Mitten während des Wiener Kongresses im Frühjahr 1815 wurde Napoleons Flucht von Elba in ganz Europa erregt aufgenommen. Auch Humboldts waren beunruhigt. Ein Gegenfeldzug der Alliierten wurde vorbereitet. Mit dem Prinzen Wilhelm von Preußen als Befehlshaber der preußischen Truppen kam auch dessen Adjutant, August von Hedemann, nach Berlin zurück, um sich auf den Kampf gegen den Usurpator Napoleon vorzubereiten. Adelheid war nach der brieflichen Nachricht - denn der Briefwechsel in deutscher Sprache hatte vier Jahre überdauert -

über seine Ankunft recht aufgeregt. Wie sah er wohl aus, der immerhin fünfzehn Jahre ältere Brieffreund? Und als er die Familie von Humboldt dann in Tegel besuchte, war er offensichtlich von Adelheid so fasziniert, dass er nach den vier Tagen, die er sie kaum allein ließ, um ihre Hand anhielt.

Die aufgeregte Adelheid schrieb an den Vater:

»Geliebtester bester Vater!

Du wirst wohl sehr über den Inhalt dieses Briefes staunen, allein ich hoffe, Du wirst Deiner Adelheid nicht zürnen. Hedemann ist erst seit dem 30. wieder hier, ach, lieber Vater, und schon vorgestern hat er mir seine innige Liebe, seine treue Liebe entdeckt, die er von so frühen Kinderjahren her für mich gefasst hat. Ich bin bestürzt und erfreut gewesen. Wir waren in Tegel, die gute Mutter hat ihm erlaubt, mit mir zu sprechen, ich meinte zu träumen, liebster Vater, die Mutter gibt mir Hoffnung, dass Du nichts gegen eine Verbindung mit einem so edlen Mann haben wirst, so bitte ich Dich denn nun um Deine Zusagung und Deinen Segen. Ich wusste selbst nicht, wie teuer er mir war, ich sah ihn und erkannte in seinem Anblick mein ganzes Herz. Mein ganzes Leben soll ihm gehören und Dir, lieber Vater und der Mutter, die Ihr mich zur Würdigung eines solchen Glücks, von solch einem Manne geliebt zu werden, erzogen habt. Verzeih mir, dass ich nicht mehr sage, gib mir bald ein Zeichen Deiner Liebe und der Gewährung meiner Wünsche, denn bei aller Freude ist mir doch sehr trüb im Herzen, denn es liegt dieser furchtbare Krieg wie ein Abgrund vor mir, in dem mir alle Lebenslust und Freude untergehen kann. Lieber guter Vater, stärke mich durch den Segen Deiner Liebe. Ich küsse Dir die lieben Hände. Deine gehorsame Tochter Adelheid.«

Mit gleicher Post ging ein Brief August von Hedemanns an Wilhelm von Humboldt nach Wien: *»In dem Vertrauen auf Ihre Liebe und mit dem Bewusstsein eines treuen Willens wende ich mich zu Ihnen, Sie um die Zusicherung meines schönsten Glücks und meines schönsten Friedens herzlich und dringend zu bitten, um Ihre Einwilligung zu meiner Verlobung mit Adelheid und ihren väterlichen Segen ... Weit über alle und jegliche Erwartung sehe ich Adelheid heraufgeblüht, wie einen Engel hold und schön und über ihr ganzes Wesen den Ausdruck des tiefsten Seelenadels verbreitet, und es ward ganz klar in mir, dass nur in ihrem Besitz fortan mein Glück und meine Freude zu finden sei ... Die liebe Mutter gibt mir die trostreiche Hoffnung auf Ihren Vatersegen, aufrichtig und vertrauensvoll habe ich mich ihr und Adelheid genähert, mit gleichen Gesinnungen wende ich mich zu Ihnen, die Bestätigung meines schönsten Glücks und meines Seelenfriedens von Ihnen erbittend und den künftigen*

Namen Ihres Sohnes. Mit unbegrenzter Hochachtung und inniger Liebe. A. von Hedemann.«

Offensichtlich hatte Caroline die Entscheidung schon vorausgenommen und Wilhelm von Humboldt willigte ein, denn die Gedanken seiner Frau kannte und teilte er: *»Ich habe nie gewünscht, dass Adel vor dem sechzehnten Jahre heiraten möchte, aber doch komme ich jetzt auf andere Gedanken. Es liegt ein furchtbarer, naher Krieg vor uns ... Diese beiden haben sich gefunden, gestatte, dass sie jenen seligen Augenblick festhalten, ehe der Drang dieser gewaltigen Zeit ihn mit sich fortreißt. Wohl gehören sie sich an auch unvermählt ... Vor unserem geliebten Kinde aber wird sich's auftun wie ein Abgrund ... denn er ist da – und es*

hängt an jeder Stunde der Trennung vielleicht sein Leben.
Darum bitte ich Dich, gib Deine Einwilligung, dass wir sie
womöglich noch trauen lassen können ... Gebōte Gott über
sein teures Leben, so fände ... sie doch noch einen Moment
der Seligkeit in der Erinnerung ...«

Nun ging alles sehr schnell und am 24. April 1815
wurde in der Berliner Schlosskirche durch Schleiermacher die Trauung vollzogen, zwei Tage vorher war Adelheid von ihm eingesegnet worden. An der Zeremonie der
Konfirmation nahm auch der Prinz Wilhelm von Preußen
mit seiner Familie teil. Der Prinz hatte einen Staatswagen
mit sechs Pferden geschickt, um das Brautpaar und die
Mütter des Brautpaares abzuholen. Im Weißen Saal des
Berliner Stadtschlosses wurde danach gefeiert und getanzt. Adelheids Brautkleid war weiß, mit Silber gestickt
und mit Spitzen besetzt, sie trug einen Kranz mit zwei
Meter langem Schleier. Die junge Braut, deren Haltung
und Sicherheit weit über ihre Jahre hinausging, wurde
viel beredet im klatschlustigen Berlin. Sie gehörte jetzt
mehr und mehr zum Hohenzollernkreis, bürgerliche Begegnungen scheint es nicht gegeben zu haben.

Für Adelheid wie für Gabriele wurde religiöses Denken und Empfinden, im Gegensatz zu den Eltern, ein wesentlicher Bestandteil ihrer Persönlichkeit.

Wilhelm von Humboldt fehlte, er war in Wien unabkömmlich und Caroline schrieb: *»Unaussprechlich wehmütig macht es mich oft, dass Du das holde Kind nicht jetzt*
sehen und sein Glück und seine Innigkeit mit genießen
kannst. Doch hat es, ich wills Dir nicht leugnen, auch was
Schmerzliches ... das Kind ... nun gleichsam abgetrennt vom
mütterlichen Herzen ...«

Dem jungen Paar gehörten fünf Wochen ihres Eheglücks, die sie vor allem in Tegel zubrachten, dessen Ruhe ihnen zusagte. Hier feierten sie auch Adelheids 15. Geburtstag.

Als dann August von Hedemann nach Paris ins Hauptquartier abreiste, verlief Adelheids Leben wenig verändert. Sie aß täglich bei Mutter und Schwester, obwohl das junge Paar eine eigene Wohnung Unter den Linden gemietet hatte. Gemeinsam wurde die Aussteuer besorgt und jeder Brief aus Paris vorgelesen. Auch Gabriele schrieb häufig an den Schwager, das Mädchen mit seinen dreizehn Jahren fand das junge Ehepaar offensichtlich sehr interessant und war von der neuen Hausfrauenwürde seiner Schwester begeistert. Es scheint, dass es sich von nun an auch gern in solch weiblich anerkannter Stellung gesehen hätte.

Täglich besuchte Adelheid pflichtgemäß ihre Schwiegermutter; das scheinen jedoch langweilige Stunden gewesen zu sein – die geistigen Ansprüche des Hedemannschen Hauses waren wohl wesentlich einfacher als bei Humboldts.

Nach einem halben Jahr kam der junge Ehemann gesund zurück nach Berlin. Das Paar mietete nun eine zweite Wohnung in Stadtschlossnähe und richtete sie für sich ein. Jetzt kam Adelheid nur noch zu Besuch zu ihrer Familie und begann ihr eigenes Eheleben. Es waren offensichtlich glückliche Zeiten für sie. Major August von Hedemann wurde befördert, er stieg unaufhaltsam die Karriereleiter nach oben. Als Generalmajor von Hedemann trug er zu den militärischen Reformen seiner Zeit aber offensichtlich wenig bei, er schien zum konservativen Lager zu gehören.

Von den ersten Ehejahren haben wir keine Belege und können davon ausgehen, dass, außer der Kinderlosigkeit des Paares, keine ungewöhnlichen Ereignisse diese Zeit störten.

Die kränkliche Mutter Caroline von Humboldt fuhr mit den Töchtern Karoline und Gabriele im Sommer 1816 nach Karlsbad, dem berühmtesten Kurbad der Zeit. Kurorte waren vor allem Orte der Begegnung, des Kennenlernens neuer Menschen, das alles versprach Anregungen, die in Tegel nicht möglich waren. Höhepunkt war die Begegnung mit dem berühmten alten Blücher, dem Haudegen preußischer Prägung. Wie auffallend die junge Gabriele gewirkt haben muss, geht aus dem selbst in den Zeitungen der Zeit dargestellten Empfang für Blücher hervor. Der bewunderte Militär zog Gabriele in seinen Kreis und scherzte, »*die Kleene zu entführen, meine Frau ist so alleene, da gäb es doch was Niedliches im Hause, die schwarzen Ogen muss sie aber helle waschen, das ist Tagesbefehl.*«

Die hübsche Episode illustriert das damalige Kurleben. So aufgeheitert, erreichte die erholte Caroline von Humboldt samt ihren Töchtern Frankfurt am Main, wo der Vater auf sie wartete.

Wilhelm von Humboldt war in Frankfurt in seiner Eigenschaft als Gesandter Preußens tätig, ihm zur Seite stand ein Sekretär. Dieser Heinrich von Bülow kam aus Ludwigslust in Mecklenburg, er war Humboldt angenehm und schien ihm ein fähiger junger Mann mit guten Karriereaussichten. Das Ehepaar Humboldt hatte, wir erinnern uns, in Frankfurt eine wunderbare Zeit der Annäherung. Die Geselligkeiten belebten alle und

Heinrich von Bülow wurde schnell in die Familie aufgenommen. Er suchte offensichtlich jeden Anlass, sich der jungen Gabriele angenehm zu machen. Das konnte der Mutter Caroline nicht verborgen bleiben und sie schrieb an die Tochter Adelheid: *»Ich habe jetzt keinen Zweifel mehr daran, dass Bülow Pläne auf die Zukunft macht. Allein Gabriellchens außerordentliche Jugend und dass er eigentlich noch nichts Namhaftes ist, verhindern ihn unstreitig, sich mehr zu erklären. Gabrielle ist nicht gleichgültig, aber heimlich, viel heimlicher, als Du es warst, mein Adelchen.«*

Die Frankfurter Tage gingen zu Ende, als Wilhelm von Humboldt zum Gesandten Preußens in England ernannt wurde. Heinrich von Bülow hatte ihn als Sekretär zu begleiten. Jahre konnten bis zur Ablösung von einem diplomatischen Posten vergehen, also entschied sich Bülow, den Eltern zu eröffnen, dass er die Hand Gabrieles wünsche. Am 30. Oktober 1816 fand die Verlobung statt. Die Mutter erklärte Adelheid: *»Gabrielle liebt Bülow sehr, mit der ganzen tiefen Innigkeit ihrer Seele. Das Verhältnis unter ihnen soll aber so geheim wie möglich bleiben. Gabrielle ist zu jung, um sie zu verheiraten, auch hat diese Situation Reize und gibt Veranlassung zu einer inneren Ausbildung, die es unrecht wäre zu stören. Jedes Alter hat seine Rechte ... Mit Dir war es ein Anderes. Erstlich warst selbst Du ein halbes Jahr älter als Gabrielle und dann bestimmten mich Augusts (von Hedemann, die Verf.) militärisches Verhältnis und der vorliegende Krieg, zu Eurer Verbindung schon damals die Hände zu geben. Das alles fällt hier fort. Unter ein paar Jahren lasse ich Gabrielle nicht heiraten!«*

Bemerkenswert ist die Selbstsicherheit, mit der Caroline von Humboldt die Entscheidungen über ihre Töchter traf. Der Vater schloss sich in jedem Falle an.

Dass Gabriele gern gleich geheiratet hätte, ebenso jung wie ihre Schwester Adelheid, kann als sicher gelten. Die Heirat schien den Schwestern ein angenehmer wie wichtiger und anerkannter weiblicher Status und außerdem gab es in ihrem Verständnis keine gleichwertigen anerkannten Alternativen. Eine heimliche Liebe oder gar eine versteckte Verlobung war nicht nur gesellschaftlich undenkbar, sondern auch durch die enge Verbundenheit innerhalb der Humboldtschen Familie moralisch ausgeschlossen.

Gabriele öffnete sich ihrer Schwester Adelheid: *»Meine geliebte Schwester! ... mein ganzes zukünftiges Schicksal hat sich entschieden, ich bin versprochen, mit Bülow, ach, und bin so glücklich, so unaussprechlich glücklich ... Du wirst Dich wundern, liebstes Adelchen, dass ich Dir nicht schon früher von meiner Liebe zu ihm gesprochen habe ... aber Karoline (die älteste kränkliche Schwester, die Verf.) liest meistens auch meine Briefe und Du begreifst wohl, dass man nicht gern will, dass alle Leute wissen, was in einem vorgeht ...«*

Die älteste Schwester Karoline war wohl nur geduldete Zuschauerin im frühen Glück ihrer Schwestern.

Uns liegen die Verlobungsbriefe Gabriele von Humboldts vor, die sich doch von denen der Eltern eine Generation zuvor deutlich unterscheiden. Natürlich ist von der großen Liebe und den ewigen Gefühlen die Rede, aber niemals wird von der Freiheit des Geistes und der Unabhängigkeit geschrieben, die man sich geben solle, um wirklich zu reifen und jeden sich selbst entwickeln zu lassen. Auch von Adelheid und August von Hedemann gibt es keinerlei Zeugnisse eines ungewöhnlichen geistigen Austauschs über ihr persönliches Glück oder darüber hinaus.

Caroline entschied im Frühling 1817, mit den Töchtern Karoline und Gabriele noch einmal das sonnige unvergessene Rom zu besuchen. Adelheid und August von Hedemann schlossen sich an. Allerdings blieben Hedemanns, wie sie nun in der Familie genannt wurden, nur einen Winter und reisten dann auf das Gut Burgörner, dessen Nutznieß Adelheid innehatte, zurück. Hedemann konnte keinen längeren Urlaub erwirken.

Besonders Adelheid war glücklich, mit der Mutter und den Schwestern noch einmal all die Stätten ihrer glücklichen Kindheit aufsuchen zu können und all das ihrem Mann zu zeigen und zu erzählen, was die glücklichsten Erinnerungen für sie darstellten. Das junge Ehepaar schien eng miteinander verbunden, trennte sich auch dann nicht, als die Mutter mit den Schwestern noch in Rom blieb und sie Adelheid durchaus bei sich behalten wollten. Es wurde zwar eine schwierige Trennung, die vor allem die junge Gabriele traf. Für sie war der tägliche Umgang mit Adelheid wie eine Wiederentdeckung ihrer symbiotischen Kinderjahre. Aber Adelheid entschied sich, ihren Mann zu begleiten. Der als Militär dominante und durchsetzungsgewohnte August von Hedemann schien seine sehr junge Frau in diesen ersten Ehejahren eng an sich zu binden, was Adelheid in den späteren Jahren oft einengte.

Die jung verlobte Gabriele schrieb aus ihrem geliebten Rom täglich Briefe an Heinrich von Bülow nach London und schilderte die Familienverhältnisse als besonders innig und verbunden, hier waren auch Hedemanns stets inbegriffen.

Als Caroline von Humboldt erkrankte und es sich als notwendig erwies, einen weiteren Winter in Rom zu verbringen, wurde sie durch die beiden bei ihr gebliebenen Töchter überaus liebevoll gepflegt. Dennoch war eine so lange Trennung von den anderen Familienmitgliedern belastend und alle waren froh, als sich in Heidelberg im Sommer 1818 ein Wiedersehen ergab. Adelheid und August kamen aus Burgörner. Diesmal blieb Adelheid, auch als ihr Mann zurück zum Dienst gerufen wurde.

»Die gute Adelheid hat mit mir zusammen einen Brief von ihrem Mann bekommen, es ist hübsch, dass uns auch darin das Schicksal gleich bedenkt, wie ich es denn überhaupt als großes Glück ansehe, dass wir in so inniger Liebe und Anhänglichkeit aufgewachsen sind und dass diese Gefühle uns lebenslang begleiten werden ...« Gabriele, die dies in einem Brief an ihren Verlobten Heinrich von Bülow schrieb, betonte häufig das innige, ganz sich selbst genügende Eheleben Adelheids, das ihr für ihre eigene zukünftige Ehe vorbildlich schien. Inzwischen hatten Hedemanns eine Winterwohnung in Berlin gemietet, um den Eltern und Geschwistern nahe sein zu können. Aber erst im Spätherbst 1819 fand sich die Familie wieder in Berlin und Tegel ein.

Nun gingen Eltern und Töchter wieder gemeinsam ins Theater, veranstalteten Gesellschaften und besuchten die Hofgesellschaften. Interessanterweise sind keine Besuche in den großen Salons jener Jahre nachweisbar. Dabei verkehrte in diesen Kreisen die intellektuelle Avantgarde.

Aber vielleicht war der vielfach zu findende Hinweis, die Familie lebe sehr zurückgezogen und ganz mit sich, ein Zeichen, dass die Humboldts diese Salons, ihrem kosmopolitischen Blickwinkel folgend, als enge Kreise von Eingeweihten betrachteten, die seit Jahren miteinander verbunden waren und in die man nicht gehörte. Wilhelm von Humboldt, der ja in seiner Jugend diesen Kreisen, vor allem den ersten jüdischen Salons, angehört hatte, sprach sogar von einem allzu jüdischen Einfluss in Berlin. Eine gewisse Abkehr von der Toleranz gegenüber der Emanzipation der Berliner Juden war im Übrigen in der ganzen Familie zu finden, obwohl Wilhelm von Humboldt Unterzeichner des Emanzipationsedikts für die preußischen Juden von 1813 gewesen war. Vor allem auch der Sohn Theodor schien in dieser Frage sehr intolerant gewesen zu sein und seine Haltung war überall bekannt.

Wie Adelheid über eine solche Frage, die damals durchaus die Berliner Gesellschaft beschäftigte, dachte, ist leider nicht bekannt. Die praktische Adelheid übernahm neben dem eigenen Haushalt inzwischen die Leitung Tegels, wenn die Mutter nicht anwesend war oder ihre Kuren sie monatelang beanspruchten. Vor allem nach dem Ausscheiden des Vaters aus dem Staatsdienst wurde Tegel der Mittelpunkt der Familienzusammenkünfte.

Adelheid schien stets sehr beschäftigt mit der Leitung zweier Haushalte und bemühte sich sicher, es allen recht zu machen. Natürlich gab es reichlich Personal, so Köchinnen, Zimmermädchen, Jungfern für die persönlichen Belange, Kutscher und Bedienstete für gröbere Arbeiten. Sie alle mussten eingeteilt und kontrolliert werden – eine Aufgabe, die damals mancher jungen Hausfrau in den wohlhabenden Familien über den Kopf wuchs. Das sogenannte Dienstbotenproblem wird bis zum Ende des Kaiserreiches immer wieder als Thema in Briefen und Tagebüchern der Damen der Gesellschaft auftauchen.

Adelheid wurde allseits als lebhafte, sprachgewandte und gefühlsoffene junge Frau hervorgehoben, andererseits legte sie auf offizielles Erscheinen nicht viel Wert. Repräsentation war wohl ihre Sache nicht und ihr Mann als leitender Militär hatte eigene gesellschaftliche Verpflichtungen, wo Frauen selten einbezogen wurden.

Nach der Hochzeit, bei der Gabriele nun nach fast fünfjähriger Verlobungszeit am 10. Januar 1821 in Tegel ihren Heinrich von Bülow heiratete – die Eheschließung nahm ebenfalls der Theologe Schleiermacher vor –, ging das Paar zuerst nach Schwerin.

Anders als Adelheid musste Gabriele sich niemals Haushaltssorgen machen. Dafür war sie für Gesellschaften aufgeschlossener als Adelheid, präsentierte sich überall zufrieden stellend, d.h. gewiss vor allem angepasst. Ihr von Kindheit an gepflegter Kunstsinn ließ sie in dieser ersten Ehezeit wohl den deutlichen Unterschied zwischen dem überaus konventionellen mecklenburgischen Hof im Schloss Schwerin und den Häusern des dortigen Adels gegenüber Berlin und vor allem dem heimatlichen Tegel bemerken. Der überladene Prunk und das übertriebene Zeremoniell der öffentlichen Hofhaltungen waren für sie eine neue Erfahrung.

Als sie kurze Zeit später nach Berlin zurückkamen, begann wiederum ein enges familiäres Zusammenleben. Dem Bülowschen Paar wurden nun kurz hintereinander, 1822 und 1823, zwei Töchter geboren. Die stolzen

Eltern nannten sie Gabriele und Adelheid. Sie sollten die schwesterliche Verbundenheit der Mütter in der nächsten Generation fortsetzen, so wünschten es sich die Paare. Die nächste Tochter, Caroline, wurde 1826 noch in Berlin geboren und nach der Mutter Caroline von Humboldt benannt. Die Töchter Adelheid und Caroline verstarben unvermählt.

Das Bülowsche Paar ging dann nach London, denn Heinrich von Bülow war ab Februar 1827 zum Botschafter Preußens in London ernannt worden. Damit war für die kommenden vierzehn Jahre eine weitgehende Trennung Gabrieles und ihrer jungen Familie vom Tegeler Stammhaus vorhersehbar.

Während Heinrich von Bülow nach London vorausreiste, blieb Gabriele mit ihren drei kleinen Töchtern bei der Schwester Adelheid. Adelheid war für die Nichten eine mehr als liebevolle Tante. Offensichtlich übertrug sie ihre unerfüllten Muttergefühle auf die Kinder ihrer geliebten Schwester Gabriele, denn nun lesen wir, wie sie die Krankheiten der Kinder begleitete. Die Idylle wurde durch die Übersiedlung Gabriele von Bülows mit den Kindern nach London beendet. Die Mutter Caroline von Humboldt, die ihre Tochter nach London begleitete, hatte wohl mit dieser Reise ihre letzten Kraftreserven verbraucht.

Als sie in Tegel am 26. März 1829 verstarb, waren ihre Töchter Karoline und Adelheid bei ihr. Gabriele konnte erst Tage später benachrichtigt werden. Aus dieser Zeit ist uns ein Brief Gabrieles an die älteste Schwester Karoline in Tegel erhalten geblieben. In ruhigen konventionellen Worten verlief offenbar der Kontakt zu Karoline: *»... Wie unendlich erfreulich und beruhigend Hedemanns (August*

von Hedemann, die Verf.) Versetzung nach Berlin mir im Ge-
danken an Dich, geliebte Karoline, ist, kannst Du Dir den-
ken. Gott konnte Dir keinen schöneren Trost für das, was
er Dir genommen hat, geben als das Zusammenbleiben mit
der geliebten Adelheid, die an liebevollem, schönem Sinn
und Gemüt so sehr unserer teuren seligen Mutter gleicht.
Erkenne und genieße recht dankbar diese gütige Schickung
der Vorsehung, liebe Schwester ...«

Gabriele gebar im August 1829 ihre vierte Tochter, Therese. Sie verstarb, erst zwölfjährig, in Tegel.

Als Gesandtengattin hatte Gabriele von Bülow in London gesellschaftliche Verpflichtungen zu erfüllen. Der
englische Hof nahm die Botschaftergattin freundlich auf,
der Hochadel bemühte sich um sie. Ihr Anpassungsvermö-
gen kam ihr auf den Hofbällen, den vielfältigen Diners und
Soireen bis hin zu den Kinderbällen sehr zustatten. Ihre
Vielsprachigkeit und ihre bald erstaunlich perfekte Kenntnis der Hofetikette ließen sie oft zur Beraterin bei der Vor-
bereitung größerer Feste werden. Vor allem die Kleidungs-
fragen, die sogenannten Toiletten der adligen Damen,
waren verzwickte Aufgaben, denn nach der jeweiligen
Standeszugehörigkeit der Gastgeberfamilie konnte einmal
unmöglich eine goldene, ein anderes Mal eine rotfarbene
Toilette getragen werden. Sich in diesen subtilen Konventi-
onsproblemen auszukennen, erforderte viel Kenntnis und
Erfahrung. Hier glänzte Gabriele von Bülow. Sie selbst gab
nur Gesellschaften, wenn es absolut erforderlich war, und
das schien nicht allzu häufig gewesen zu sein. Die vielen
offiziellen Hoffeste müssen teilweise erschreckend geord-
net und daher langweilig verlaufen sein.

Für den Alltag stand die Dienerschaft zur Verfügung, die Gabriele in einem Brief an Adelheid beschrieb: »...

so begegnete ich neulich dem Küchenmädchen, das zwar schon seit einem Jahr oder länger hier ist, das mein Auge aber noch nicht erblickt hatte und das so wunderschön ist, dass ich nur gewünscht hätte, es wäre nicht so erschrocken vor mir gewesen, damit ich es länger hätte ansehen können, aber es floh wie ein Reh, da es in den oberen Regionen (Räumen, die Verf.) sich eigentlich gar nicht sehen lassen darf. Ich wollte, es könnte mir aus seiner Unterwelt herauf etwas von seinem schönen Teint abgeben ...«

Mit sozialen Problemen wurde Gabriele von Bülow nicht konfrontiert, ihre Aufgaben lagen – ganz im Sinne des Frauenbildes der Aristokratie im 19. Jahrhundert – in der Repräsentation des Namens der Familie und im familiären Bereich. Dieser allerdings schloss viele Pflichten ein, neben der Erziehung und Bildung der Kinder, der Führung des Haushalts durch Anleitung der Dienerschaft auch die ausgedehnte Korrespondenz bis hin zur Verwaltung und Kontrolle der Besitzungen. Diese vielseitigen Aufgaben erfüllte sie nicht nur vorbildlich, sondern mit Witz, Humor und Charme. Die geistigen Interessen ihrer Mutter fehlten ihr und auch ihr Mann war zwar ein gebildeter, gewandter und umgänglicher Diplomat, aber persönlicher Bildungsdrang war ihm fremd. Der Erfolg Gabrieles in England wurde durch die Freundschaft der Königin Adelheid, einer geborenen Prinzessin von Meiningen, also einer deutschen Prinzessin, gekrönt. Mehr konnte sie nicht erreichen an gesellschaftlicher Anerkennung.

Die Sehnsucht inmitten aller royalistischer Festlichkeiten nach Tegel und dem ruhigen einfachen Leben, auch die Sehnsucht nach dem Vater und den Geschwistern ließ sie mit den Kindern, zu denen im April 1832 die fünfte Tochter, Constanze, gekommen war, 1833 nach Berlin reisen.

Der besonders von Gabriele geliebte Vater Wilhelm von Humboldt freute sich über das Wiedersehen mit Tochter und Enkelinnen, er genoss das Beisammensein der Familie, und als er am Palmsonntag, dem 8. April 1835 verstarb, waren alle Kinder außer Theodor um ihn.

Eine Generation war gegangen und Gabriele war bewusst, dass sie, wie jede Nachfolgegeneration, viel verloren hatten. An ihren Mann schrieb sie: *»Auch dies ist vorüber – er ruht in kühler Erde aus neben der teuren Mutter ... nun kommt das Leben ohne ihn. Gott helfe uns!«*

Gabriele war vom Vater beauftragt worden, die Erbteilung zwischen den Geschwistern vorzunehmen. Das war keine leichte Aufgabe, zumal sich die Brüder Theodor und Hermann benachteiligt sahen und die Schwester Karoline manches nicht übersah. Auf spezielle Anordnung Wilhelm von Humboldts erhielten die Töchter Schloss Tegel in der Erbfolge zuerst. Zunächst trat Adelheid in die Besitzfolge, dann ihr Mann August von Hedemann, danach Caroline, Gabriele und ihr Ehemann, danach die Brüder. Diese Regelung ist interessant durch die Deutung, die für uns möglich wird. Die Erbfolge berücksichtigt bei der Vergabe des Schlosses Tegel die Fähigkeiten, die die Eltern ihren Kindern zumaßen. Letztlich übernahm die als letzte ihrer Geschwister überlebende Gabriele von Bülow diesen Besitz. Von ihr ging er dann an ihre Kinder über.

FÜNF

Constanze – die traditionsbewusste Unternehmerin

In London wurde am 10. April 1832 dem Diplomatenehepaar von Bülow die fünfte Tochter geboren, Constanze. *»Den Namen gaben wir ihr, weil die Töchterreihe sich so konstant fortsetzt«*, schrieb die Mutter Gabriele von Bülow heiter an den Großvater Wilhelm von Humboldt nach Tegel.

Wie erfolgreich die Tätigkeit ihres Mannes als Botschafter Preußens verlaufen sein muss und wie anerkannt das Ehepaar als integre Persönlichkeiten in der englischen High Society war, zeigt die Anwesenheit von Vertretern der europäischen Großmächte bei der Taufe der kleinen Constanze: Lord Palmerston für England, der Herzog von Talleyrand für Frankreich, Graf Wessenberg für Österreich und Fürst Lieven für Russland.

Der Großvater konnte sich noch an der Kleinen, die im Familienjargon liebevoll »Baby« oder »Consti« genannt wurde, auch als sie längst diesem Alter entwachsen war, erfreuen. Ein stilles Kind, von Eltern und Schwestern überaus verwöhnt und von dem kinderlosen Ehepaar von Hedemann, Onkel August und Tante Adelheid, wie ein eigenes Töchterchen angenommen.

Als den von Bülows, ein Jahr nach dem Tod Wilhelm von Humboldts, der Sohn Wilhelm geboren wurde, war die Freude allgemein. Doch das Kind verstarb ein halbes Jahr später.

Erst der Letztgeborene, Bernhard, konnte 1838 die Trauer über den Verlust in der Familie vergessen lassen.

Auch in der Familie von Bülow, wie bei Caroline und Wilhelm von Humboldt, überlebten von den sieben Kindern nur vier, wenn man Gabriele, die älteste Tochter, einbezieht, denn sie verstarb jung, mit 32 Jahren.

Die leidvollen Familienverluste wurden von der kleinen Constanze wohl sehr bewusst erlebt. Geschildert wird sie uns als zurückhaltend, eine Kühle, die von der Lebhaftigkeit ihrer Geschwister abstach, ging von ihr aus. *»In Constis Natur lag von Jugend auf eine merkwürdige Ausgeglichenheit, eine absolute Beherrschung des Gefühlslebens, ein Wirklichkeitssinn, dem vielleicht ein gewisser Mangel an Phantasie zugrunde lag. Oder war es die von früh an geübte Selbstzucht, die ein Abschweifen in Zukunftsängste oder Jubel verbot?«*

Dies gibt die Familienbiografin Anna von Sydow zu Constanzes Charakter zu bedenken.

Für die Eltern war die Kinder- und Jugendzeit Constanzes hauptsächlich bestimmt durch die gemeinsam zu gestaltenden Aufgaben der diplomatischen Mission des Vaters Heinrich von Bülow in England. Die junge Queen Victoria bestieg den Thron.

Zwanzig Jahre später gaben Victoria von England und Irland und ihr Prinzgemahl Albert von Sachsen-Coburg ihre älteste Tochter Victoria als achtzehnjährige Braut des Prinzen Friedrich Wilhelm von Preußen nach Berlin. Die verwandtschaftlichen Bindungen zwischen England und Preußen bzw. dem späteren Deutschen Kaiserreich waren nie unproblematisch und erforderten von den Diplomaten beider Seiten manchen intensiven Einsatz.

Constanze von Heinz
Gemälde von T. Hamacher, ca. 1865

Die Familie war durch Bülows diplomatische Tätigkeit oft längere Zeit getrennt und die Mutter Gabriele schrieb regelmäßig von den Entwicklungsfortschritten der Kinder an ihren Mann. So berichtete sie über die kleine Constanze: *»Das kleine Wesen wird immer lieblicher und ausgezeichneter. Du glaubst nicht, mit welcher Leichtigkeit sie lernt und welches Interesse sie daran nimmt, besonders an Gedichten. Die Goetheschen und Schillerschen sind ihr die liebsten und sie sagt sie schon mit mehr Ausdruck als je Therese ... Ich glaube, ihr wird man künftig ebenso wenig widerstehen wie der Wassernixe ... Denke aber nicht etwa, dass sie sich überarbeitet. Das lässt sie sich selbst nicht gefallen und sieht, gottlob, jetzt wohler und blühender als je aus.«*

Constanze erhielt also eine inzwischen klassisch zu nennende humanistische Bildung und zeigte gegenüber ihren Schwestern eine besondere Auffassungsgabe. Als Jüngste der Mädchen übernahm sie manche Kenntnisse der älteren Schwestern wie von selbst. Englisch sprach sie als Erstsprache. Deutsch wurde erst in späteren Jahren wichtiger. Ihre besondere Begabung lag im Zeichnen und Aquarellieren, wozu sie von ihrer Tante Adelheid von Hedemann speziell angeleitet wurde. Bewundert wurden ihre auffällige Schönheit und Eleganz, die schwarzen lockigen Haare und blauen Augen – sie stach gegen ihre Schwestern wohl eindeutig ab. Da zwischen den Geschwistern sechzehn Jahre Altersunterschied bestanden, die älteste Schwester wurde 1822, der jüngste Sohn Bernhard 1838 geboren, lernte Constanze sich in einer Großfamilie zu behaupten und nahm dabei wohl einige soziale Fähigkeiten auf.

Den Vater sah sie während ihrer Kinderjahre nur auf Wochen. Die Familie wieder nach England zu holen verzögerte sich und die Kinderjahre verbrachte Constanze daher ohne längere Unterbrechungen in Tegel, mit Ausnahme mancher Besuche bei den Hedemanns.

Nach Schloss Tegel kam auch häufig der alte Großonkel Alexander von Humboldt, um seine Lieblingsnichte Gabriele von Bülow und deren Kinder zu besuchen, zu beschenken und zu unterhalten. Von allen Verwandten und Bekannten wurde hauptsächlich Constanze, das »Baby«, beschenkt und bewundert. Ihre beschützte Kindheit ging zu Ende, als 1841 in Schloss Tegel die von allen besonders geliebte Schwester Therese verstarb. Es war für Constanze der erste tiefe Lebenseinschnitt, denn sie war mit der nur drei Jahre Älteren eng verbunden gewesen. Sie zog sich völlig in sich zurück und brauchte lange, um den Kummer über diesen Verlust vergessen zu können.

Tegel wurde wohl in dieser Zeit für sie die eindeutige Heimat und das Familiengrab am Fuße der Spes für das ernsthafte Mädchen ein Ruhepol.

Heinrich von Bülow war inzwischen aus Gesundheitsgründen als Diplomat aus London zurückberufen worden. Er wurde Minister des Auswärtigen in Berlin und somit war Tegel als Familiensitz wieder Treffpunkt einer interessanten Gesellschaft. Als die älteste Schwester Gabriele 1842 den Freiherrn Leopold von Loen heiratete und ein Jahr später den Sohn August auf Schloss Tegel gebar, wohnte die junge Familie mit auf Schloss Tegel, wo manchmal bis zu 37 Personen zusammenlebten. Fröhliche Familienfeste wechselten mit kleinen Ausflügen ab, eine Atmosphäre, in der Constanze, das »Baby«, den geliebten Mittelpunkt bildete, trotz oder wegen ihrer ausgleichenden ruhigen Wesensart.

Heinrich von Bülow fühlte sich seit Jahren überlastet durch seine ministeriellen Aufgaben. Im Frühjahr 1845 kurierte er eine schwere Grippe nicht aus, nahm zu früh seine Tätigkeit im Staatsministerium wieder auf und etablierte überdies die politisch motivierten Donnerstagsgesellschaften in Tegel. Hier war er Gastgeber und seine Frau Gabriele neben ihm die Hausherrin, die mit Geschick und Charme die meist mehr als 80 Gäste aus Adel, Hochfinanz und Kultur bewirtete und für die verbindende Atmosphäre sorgte.

Das war kein Salonabend wie im Hause Humboldt, wo Caroline von Humboldt die strahlend schöne und kluge Salonnière gewesen war, sondern ein vom Einfluss des politischen Wirkens des Hausherrn sorgfältig vorbereiteter und durchgeführter Empfang unter Beachtung aller Etiketteregeln. Etikette bedeutete zu beachten, wer neben wem beim Essen saß, welche Themen schicklich und welche unschicklich waren, welche Vorlieben etwa für besondere Weine die einflussreichen Gäste hatten usw. Gabriele von Bülow war für die perfekte Beherrschung der Etiketteregeln bald berühmt.

Eine tiefe Erschöpfung war die Folge solcher Anstrengungen und das Ehepaar Bülow entschloss sich zu einer Kur in Bad Kissingen. Die Kinder wurden mitgenommen, ebenso Gouvernanten und Dienerschaft.

Die Fahrt mit der privaten bequemen Kutsche führte über Frankfurt am Main. Dort musste eine Pause eingelegt werden, denn Heinrich von Bülow erlitt einen Schlag-

anfall. Sein Zustand war so ernst, dass er sich zur Nieder-
legung aller Ämter entschloss. Nach langem Leiden und
weiteren Schlaganfällen starb Heinrich von Bülow im Februar 1846.

Constanze hatte zusammen mit der Mutter und den
Schwestern die Pflege des Vaters übernommen. Sie war
eng an ihn gebunden, sein Lieblingskind, da ihm ähnlich
in Intellekt und Ausstrahlung. Nun, mitten in der Pubertät und deren Veränderungen, traf Constanze der Tod des
Vaters noch tiefer als der ihrer Schwester Therese.

Die Mutter Gabriele von Bülow war mit 44 Jahren
Witwe und lebte von nun an bis zu ihrem Tod im hohen
Alter von 85 Jahren nur noch für ihre Familie – und die
Freundschaften am Hohenzollernhof. Vor allem Prinz
Friedrich Wilhelm war der Familie von Bülow eng verbun-
den. Er lud Gabriele von Bülow und Constanze häufig zu
den Festlichkeiten im Berliner Stadtschloss ein. Im Som-
mer gab es Bälle in Neuen Palais in Sanssouci, im Win-
ter Schlittenpartien rund um Tegel. Für einige Jahre sie-
delte Frau von Bülow mit Constanze nach Potsdam über.
Dort wohnte die älteste verheiratete Tochter, Gabriele von
Loen, und dort waren die Enkelkinder.

Das Revolutionsjahr 1848 erlebte Constanze mit ihrer
Mutter in der Zweitresidenz der Hohenzollern in Potsdam.
Wie königstreu Mutter und Tochter dachten und wie wenig sie die Hintergründe der Revolution, nämlich Armut
und die Forderung nach bürgerlichen Rechten, einschätzen konnten, zeigt ein Brief der Frau von Bülow an ihre
Schwester Adelheid in Schloss Burgörner bei Erfurt.

*»Preußens Nimbus ist hin, wir sind zu Komödianten
geworden, wir haben den Franzosen alles, alles nachge-*

äfft – die gräulichsten Theaterszenen. Nicht allein der Kö-
nig – auch die Königin (und dass der König das zugegeben
hat für die Königin, ist mehr als unbegreiflich) – haben vom
Balkon aus die Leichen ansehen müssen! ... hier trieb sich
auch schon so viel Gesindel auf der Straße herum, dass man
unwillkürlich mit Angst wurde und ich wirklich auch schon
Reisegedanken gefasst hatte ...«

Das Feuer auf das unbewaffnete Volk in Berlin hatte
der zweitgeborene Prinz Wilhelm von Preußen eröffnen
lassen, er wurde allgemein ›Kartätschenprinz‹ genannt.
Er musste fliehen und ging nach England, wo er von
Queen Victoria huldvoll empfangen wurde. Als er nach
einigen Monaten zurückkehren konnte, war es Gabriele
von Bülow, die die Initiative ergriff. Sie und ihre Töchter
stellten sich am Wege auf und als Prinz Wilhelm vorbei-
ritt *»überschütteten sie den geliebten Prinzen mit Blumen*
und verfehlten auch nicht, mit den Ihrigen später bei der
Abfahrt nach Berlin auf dem Bahnhof ein Gleiches zu tun.
Der schwergeprüfte Prinz hat diese bescheidene Huldigung,
als aus treuem Herzen kommend, zu schätzen gewusst und
in tiefer Bewegung die Hand geküsst, die Rosen auf seinen
dornenvollen Pfad zu streuen bemüht war.«

Von ihren Töchtern stand Constanze der Mutter in diesen Jahren am nächsten. Aber auch August und Adelheid
von Hedemann hegten eine besondere Vorliebe für diese
schöne jüngste Bülow-Tochter. Vor allem wohl, um ihre
Bildung zu erweitern, reiste die Mutter mit ihren drei
Töchtern Adelheid, Caroline und Constanze im Jahr 1853
über die Schweiz nach Italien.

Sie wollte ihren Kindern das Land ihrer Kindheit nahe bringen, auch sollte die italienische Sprache, Kultur und Landschaft »wohltätig wirken«.

Adelheid und Caroline blieben unverheiratet, ihre gesellschaftlichen Fähigkeiten schienen nicht bedeutend und manche Kränklichkeiten hinderten sie wohl an einer Eheschließung.

Die italienische Reise wurde nach wenigen Wochen in Rom unglücklich abgebrochen, denn in Potsdam verstarb die älteste Tochter, Gabriele von Loen. Mutter und Schwestern kamen zu spät. Die wenigen Eisenbahnverbindungen fuhren noch unzuverlässig, da diese großartige technische Neuerung erst am Anfang stand.

Constanze hatte mit dem Tod dieser geliebten ältesten Schwester die zweite Schwester verloren, der Tod wurde ihr, der Ernsthaften, vertrauter, als es ihrem Alter zustand. Sie war es, die sich um die verzweifelte Mutter und die hilflosen Schwestern, um den Schwager und die kleinen Kinder kümmerte. Ihre praktische Übersicht half auch dem alten Großonkel Alexander, der besonders erschüttert war über den frühen Tod der Lieblingsgroßnichte.

Constanze organisierte auch den Rückzug von Potsdam nach Berlin, wo sie eine Wohnetage mietete, die so groß war, dass die Familie Hedemann die Wintermonate über mit Bülows gemeinsam dort wohnen konnte. Im Sommer lebten sie auf Schloss Tegel und auf Schloss Burgörner.

Constanzes Tüchtigkeit wurde weit bewundert. Sie war nun 23 Jahre alt, längst im heiratsfähigen Alter und hatte einige Anträge bekommen, die jedoch sowohl von ihr als auch von der Mutter und dem Großonkel Alexander abgelehnt worden waren.

Im Kreis um den Prinzen Friedrich Wilhelm von Preußen, der die Bülowschen Damen so häufig in die Hoffeste einbezog, befand sich seit Jahren dessen bevorzugter Adjutant, Carl von Heinz. Er war vierzehn Jahre älter als Constanze, ein intelligenter wie einflussreicher Hofmann mit großer Lebenserfahrung.

Als nach all den Familientragödien im Sommer 1856 eine Erholungsreise in die Salzburger Alpen die Familie von Bülow mit Carl von Heinz, wohl ein wenig arrangiert, zusammenbrachte, kam es zur Verlobung der schönen Constanze von Bülow mit Carl von Heinz. Der alte Alexander von Humboldt war entzückt und schrieb: *»An unsere Braut! Meine schöne, liebenswürdige, teure Constanze! ... Du bist, meine teure Constanze, meinem hohen Alter sonnig noch eine grosse, eine einzige, die letzte Freude, die ich erleben konnte. Ich lebe nur in der Zukunft, in dem neuen Geschlechte. Du hättest keine Wahl treffen können, die dem Innersten Deines Gemütes harmonischer wäre ... Ich finde keine Worte, um Dir zu sagen, wie dem König Deine Verbindung eine Wonne ist ... wie Heinz ein herrlicher Mensch sei, wie da einmal ein hübsches Paar zusammenkomme ...«*

Ein schönes Paar waren die beiden gewiss und ein in sich ruhendes offenbar auch, denn die Briefe, die Constanze an ihren Verlobten schrieb, sind ohne Überschwang, immer anrührend, ohne die Begeisterungsfähigkeit ihrer Großmutter Caroline geschrieben, aber von innigem Gefühl. *»Ach, lieber, lieber Freund, habe ich es Dir denn je ordentlich gesagt, wie glücklich Du mich* machst? Gewiss niemals, denn mir fehlt die Zunge, aber Du weißt es doch, wenn ich Dir nur die Hand drücke, nicht wahr? Und nennst mich nicht kalt und phlegmatisch, wenn es auch so aussieht, und wenn es auch andere glauben. Es ist manchmal eine Qual, das nicht aussprechen zu können, was man warm, ja glühend empfindet an Schmerz wie Lust ...«

Auch Carl von Heinz war kein Freund großer Schwüre, seine Briefe sind erzählerisch und was an Glut fehlt, das war für Constanze wohl mehr als wettgemacht durch die feste Versicherung seiner Liebe zu ihr. »Ewig Dein«, das war für ihn weit mehr als eine Floskel.

Im Dezember 1856 verstarb Adelheid von Humboldt, verehelichte von Hedemann, im Alter von 56 Jahren nach langer Krankheit. Ihr Ehemann August von Hedemann überlebte sie nur um drei Jahre. Wieder einmal war die tief betroffene Constanze diejenige, die sich um alle Formalitäten kümmerte, deren Trauer durch die Sorge um das Nächstliegende gemildert wurde.

Die Trauung wurde durch den Trauerfall ganz still im Januar 1857 in der Berliner Wohnung vollzogen und Constanze schrieb in ihr Tagebuch: »Ich kann nur faktisch sein. Es fehlen mir die Worte für alle Empfindungen, die die Seele bewegen. Wir legten die Trauer ab ... Die Leute kamen pünktlich. Die Herzogin (von Dino-Talleyrand), Heinz' Mutter und Schwester, der liebe arme Onkel August (von Hedemann) ... Die anderen sagten, die Rede (zur Trauung) sei zu lang gewesen, ich fand sie schön, wahr, ernst, nur zu trübe ... Aber der Text: ›So ist nun die Liebe des Gesetzes Erfüllung‹ war wahr und schön und das Gebet auch. Mir durchströmte dieselbe Ruhe und Zweifellosigkeit das Herz, wie un-

ter dem sonnigen Himmel von Aigen (dem Verlobungsort) ...
Im Ganzen waren wir 43 Personen ...«

Das junge Paar zog nach Breslau und nahm Wohnung im dortigen Stadtschloss, denn Carl von Heinz war Kommandeur eines Regimentes geworden. Der Haushalt wurde von der prinzlichen Küche mitversorgt, so dass sich Constanze darum nicht kümmern musste.

Die ersten Ehejahre waren sehr harmonisch, der Sohn Wilhelm wurde geboren und in ihr Tagebuch schrieb sie: *»Wie selig macht mich der Ausdruck seines Glücks, seiner Befriedigung.«*

Das war eine Ehe ganz im konventionellen Sinne, eine schöne junge Frau, die den Sinn ihrer Liebe und ihres Tuns in der Befriedigung des Mannes sah. Ansprüche stellte sie kaum, vor allem keine geistigen Forderungen oder Wünsche, die über das Alltägliche hinausgingen.

Constanze von Heinz wurde von ihrem Mann oft zu Hofempfängen mitgenommen. Ihre Schönheit und Anpassungsfähigkeit wurden gerühmt. 1858 hatte Prinz Friedrich Wilhelm von Preußen die achtzehnjährige *princess royal* von England und Irland, Victoria – die älteste Tochter der Queen Victoria, genannt Vicky – geheiratet. Zu der jungen englischen Kronprinzessin fand sie bald ein besonderes Verhältnis: *»Es freut mich, ihr (Victoria) von Nutzen sein zu können. Unbeschreiblich natürlich, kindlich einfach, herzlich, dazwischen Blitze von Auffassungen und Betrachtungen voller Verstand und Originalität.«*

Die Prinzessin Victoria wurde als 99-Tage-Kaiserin und Mutter des letzten Kaisers, Wilhelm II., bekannt. Sie wollte Reformen nach englischem Vorbild am verkrusteten Berliner Hof einführen. Das misslang ihr gründlich, vielleicht auch, weil die Hofgesellschaft – und zu dieser zählte auch Constanze von Heinz – sich auf weitsichtige Veränderungen keinesfalls einlassen wollte.

Im zweiten Jahr ihrer Ehe erkrankte Carl von Heinz schwer, wohl an Lungentuberkulose.

Mehrfach musste er nun die Winter in mildem Klima verbringen. Die Luft am Genfer See schien geeignet seine Gesundheit zu stabilisieren. Im September 1860 brachte Constanze ihr zweites Kind, die Tochter Victoria, genannt nach der Prinzessin, zur Welt. Die Kleine starb nach vier Wochen. Constanze, verlustgeübt, suchte Trost in der Religion und schrieb ins Tagebuch: »... *Mir ist auch, als wären wir einen kleinen Schritt vorwärts gekommen in Erkenntnis und Glauben. O Herr, gib, dass das zunehme und wir Dir immer völliger angehören mögen.«*

Ihre Religiosität verwundert, weder in der Humboldtschen noch in der Bülowschen Familie war Gläubigkeit mehr als eine Äußerlichkeit. Constanze von Heinz war ihr lutherischer Glaube Zuflucht, geistiger Halt und emotionale Stütze.

Es folgten gute Jahre, denn 1861 wurden der Sohn Reinhold und 1863 die Tochter Anna geboren.

Trotz jährlicher Aufenthalte in der Schweiz verschlechterte sich der Gesundheitszustand Carl von Heinz'. Er verstarb 1867 und Constanze ließ ihn im Tegeler Familiengrab bestatten.

Mit 35 Jahren war sie Witwe von drei Kindern, doch materiell sorgenfrei durch ein gediegenes Vermögen.

Es hätte sich eine zweite Ehe durchaus denken lassen und gewiss gab es auch Anfragen, aber Constanze von

Heinz wandte sich vollständig ihren Kindern und ihrer alten Mutter, Gabriele von Bülow, zu. Im Winter lebte man wieder in Berlin, im Sommer in Tegel. Weitere Reisen wurden nicht unternommen.

Als sich am 18. Januar 1871 im Spiegelsaal zu Versailles der preußische König Wilhelm zum Deutschen Kaiser mit der Kaiser- und Reichshauptstadt Berlin krönen ließ, war nicht nur der Erbfeind Frankreich besiegt, sondern zahlte mit 60 Millionen Goldfranc Reparationsleistungen den Aufbau des zweiten deutschen Kaiserreichs. Es begannen die Gründerjahre. Gründerboom und Gründerkrach – aus Berlin wurde eine Großstadt und der Größenwahn war allgemein.

Frau Gabriele von Bülow, die mit Begeisterung die Entwicklung verfolgt hatte, die ihre geliebte Hohenzollernfamilie erhöhte, war mit ihren Etiketteerfahrungen bei allen großen Ereignissen am Hofe unentbehrlich. Unterstützt wurde sie durch ihre Tochter Constanze von Heinz. Diese hatte während des deutsch-französischen Krieges 1870/1871 in verschiedenen Wohltätigkeitsvereinen mitgewirkt. Politisch jedoch war Constanze von Heinz nie hervorgetreten, die Verbindungen zur Kronprinzessin Victoria waren unterbrochen.

Nur um den Eintritt des Sohnes in den Militärdienst kam sie nach, standesgemäß wurde er versorgt.

Nach dem Tod Gabriele von Bülows 1887 übernahm Constanze Schloss Tegel. Ihre unverheirateten Schwestern Adelheid und Caroline lebten seit Jahren mit ihr zusammen, beide kränklich und pflegebedürftig. Caroline verstarb kurz nach der Mutter 1887 und Adelheid verstarb zwei Jahre später. Auch ihre Grabplatten finden wir auf dem Familiengrab Tegel. Und als im Dezember 1889 der Bruder Bernhard verstarb, war Constanze die einzige Überlebende der Geschwister Bülow.

Sie war nun verantwortlich für die Verwaltung nicht nur des Humboldt-Bülow-Heinzschen Besitzes Tegel, sondern auch für den geistigen Nachlass des großen Familiennamens.

Die Gründerjahre waren für Tegel mit dem Bau einer Eisenbahnlinie und somit dem Anschluss an das Berliner Eisenbahnnetz verbunden. Der kleine Ort wurde bald zum Ausflugsziel und Sommerort.

Die praktisch denkende und in der Vermögensverwaltung seit Jahren erfahrene Constanze von Heinz scheint bald begriffen zu haben, dass hier für den Familienbesitz neue Chancen zu nutzen wären. Es war die Aufbruchzeit hin in den Kapitalismus. Noch ist er industriell-bürgerlich geprägt von Unternehmerpersönlichkeiten wie August Borsig, dem Lokomotivenbauer aus der Berliner Chausseestrasse. Ihm verkauft sie aus dem Humboldtschen Besitz die Insel Reiherwerder. Borsig verband sie mit dem Festland und baute eine imposante Sommervilla, ganz im wilhelminischen Stil der Epoche. Sie wird heute unterschiedlich öffentlich genutzt und bietet immer noch ein Fotomotiv wie aus dem Bilderbuch des Kaiserreichs geschnitten.

Mit den finanziellen Überschüssen finanzierte Constanze einige Bauvorhaben, so 1902 den Kaiserpavillon, später Seepavillon, der noch lange nach 1945 bis zu seinem Abriss 1972 auf der Halbinsel zwischen Tegeler See und Malche ein beliebtes Ausflugslokal war. 1905 entstand das Kurhaus, das nach ihrem Tode, in den Zwanzigerjahren, durch den Sohn des berühmten Dr. Siegmund Freud, Ernst Freud, in ein Sanatorium umgebaut wurde. Hier sollte die Psychoanalyse eine Heimstatt finden. Nach wenigen Jahren musste die Klinik aus finanziellen Gründen geschlossen werden. Das Gebäude ist in den 70er Jahren abgerissen worden. Constanze von Heinz' Gedanke war, aus Tegel einen Kurort mitzugestalten.

Constanze von Heinz wurde Großmutter von vier Enkelsöhnen und einer Enkeltochter, sammelte die Familie im Sommer in Tegel, im Winter in Berlin um sich.

Während der so unzerstörbar erscheinenden Friedensjahre im Deutschen Kaiserreich lebte sie das geschützte Leben im Kreise der Familie und der hofnahen Freundschaften. Häufig traf sich die Familie in Rom, wo Mathilde von Humboldt, die unverheiratet gebliebene Tochter des Theodor von Humboldt, ältester Sohn Caroline und Wilhelm von Humboldts, einen vielbeachteten Kunstsalon unterhielt. Das Reisen war für alle vier Generationen der Humboldt-Frauen mehr als nur Erholung, es diente der Bildung und dem Sprachgewinn. Reisen war Ausdruck einer kosmopolitischen weiblichen Lebenskultur, also weit mehr, als wir heute unter Bildungsreisen zu verstehen gewohnt sind.

Constanze galt als vorbildliche Bewahrerin des Humboldtschen Erbes und mag manche Familiengeschichte weitererzählt haben, zur Tradierung für die nächsten Generationen.

Ihre robuste Gesundheit und ihr unverwüstliches Übersichtsvermögen wurden durch den Tod ihres ältesten Sohnes Wilhelm erschüttert, der 1901 verstarb.

Sie könnte an Altersdemenz erkrankt sein, in den Berichten der Familie ist von geistiger Verwirrung die Rede, die ihr die Bedeutung des Ersten Weltkrieges zu erfassen erspart habe. Sie starb am 9. Januar 1920. Mit ihrem Grab unter der Statue der Spes schloss sich der Kreis von vier Generationen von Frauen der Familie von Humboldt.

Die Leserin, der Leser, die sich bis hierhin durchgearbeitet haben und nun noch einmal zum Stammbaum greifen, um ganz sicher zu gehen, keiner Namensverwechslung aufgesessen zu sein, möchten vielleicht noch wissen, wie die Familie jetzt lebt.

In der Nachfolge der Kinder und Enkelkinder der Constanze von Heinz lebt die Familie von Heinz bis heute auf Schloss Tegel, dem ›Humboldt-Schlösschen‹, wie es allgemein genannt wird.

Bereits im 19. Jahrhundert öffnete die Familie von Humboldt für Freunde, Bekannte und Interessierte ihre römischen Kunstsammlungen, die durch Wilhelm und Caroline von Humboldt einen für sie von Carl Friedrich Schinkel geschaffenen Rahmen im umgebauten Schloss Tegel erhalten hatten. Tegel galt als erstes privates Museum Berlins. Der Bildungsanspruch der Generationen von Männern wie Frauen, die einem humanistischen Ideal anhingen und Bildung mit Erkennen von Schönheit gleichsetzten, eine Bildung, die den Menschen nicht nur mit Wissen versorgt, sondern in seiner Persönlichkeit erweitert und verbessert, ist uns heute fern gerückt.

Was wissen die nach dem Zweiten Weltkrieg in einem geteilten Deutschland erzogenen und gebildeten Nachkriegsgenerationen noch vom Einfluss der Religion, vom Einfluss des Adels bis 1918 und darüber hinaus auch vom Einfluss der jüdischen Geschichte auf die Kulturgeschichte Europas?

Solche ›weißen Flecke‹ in unserem Denken lassen sich einfärben, z. B. mit dem Nachdenken über den Einfluss der Männer und Frauen aus der Familie von Humboldt über zwei Jahrhunderte hinweg.

Bald wird es ein Humboldt-Forum in Berlin geben – ein Anlass uns zu erinnern, was die Familie von Humboldt in unsere heutige Kultur eingebracht hat, gleichgültig, ob es uns bewusst ist oder nicht.

STAMMBAUM

Alexander Georg Freiherr v. Humboldt
geb. 21.09.1720 gest. 06.01.1779
verh. mit **Elisabeth v. Colomb**
geb. 08.12.1741 gest. 14.11.1796

Alexander	Wilhelm
geb. 14.09.1769 gest. 06.05.1859	geb. 22.06.1767 gest. 08.04.1835
zu Berlin zu Berlin	zu Potsdam zu Tegel
unverheiratet	verh. mit **Caroline Friderike v. Dacheröden**
	geb. 23.02.1766 gest. 26.03.1829

Caroline	Wilhelm	Theodor	**Adelheid**
geb. 16.05.1792	geb.05.05.1794	geb. 19.01.1797	geb. 17.05.1800
zu Erfurt	zu Jena	zu Jena	zu Paris
gest. 19.01.1837	gest. 15.08.1803	gest. 26.07.1871	gest. 17.12.1859
zu Berlin	zu Ariccio	zu Berlin	zu Berlin
unverheiratet		verh. mit Mathilde	verh. mit August.
		v. Heineken	v. Hedemann
			kinderlos

Wilhelm	Mathilde
geb. 23.07.1823	geb. 08.08.1830
gest. 16.04.1867	gest. 1897
3 Söhne, 1 Tochter	unverheiratet

Gabriele	Adelheid	Caroline	Therese
geb. 07.01.1822	geb. 16.10.1823	geb. 27.02.1826	geb. 15.08.1829
zu Berlin	zu Berlin	zu Berlin	zu London
gest. 16.02.1854	gest. 21.12.1889	gest. 19.11.1887	gest. 20.07.1841
zu Berlin	zu Berlin	zu Montreur	zu Tegel
verh. mit Leopold	unverheiratet	unverheiratet	
v. Loën			
geb. 24.06.1817			
1 Sohn, 2 Töchter			

Carl Friedrich Freiherr v. Dacheröden
geb. 22.04.1732 gest. 20.11.1809
verh. mit Ernestine Friderike v. Hopfgarten
geb. 30.10.1736 gest. 01.05.1774

Ernst v. Dacheröden (kinderlos)
geb. 1763 gest. 1806

Gabriele	Luise	Gustav	Hermann
geb. 28.05.1802	geb. 02.07.1804	geb. 07.01.1806	geb. 23.04.1809
zu Rom	zu Paris	zu Rom	zu Rom
gest. 10.01.1821	gest. 18.10.1804	gest. 12.11.1807	gest. 29.12.1870
zu Berlin	zu Paris	zu Rom	zu Friedrichseck
verh. mit Heinrich			verh. mit Priszilla
v. Bülow			v. Reitzenstein
geb. 16.09.1791			4 Töchter
gest. 06.02.1846			

Constance	Wilhelm	Bernhard
geb.10.04.1832	geb. 12.05.1836	geb. 08.06.1838
zu London	zu London	zu Berlin
gest. 09.01.1920	gest.06.09.1836	gest. 17.10.1889
zu Tegel	zu London	zu Düssin
verh. mit Carl		verh. mit Anna v. Byern
v. Heinz		4 Söhne, 1 Tochter
geb. 06.11.1818		
gest. 15.12.1818		
2 Söhne, 1 Tochter		

Briefe aus dem Reichsarchiv Kopenhagen und dem Archiv Schloß Tegel, erstmalig herausgegeben und kommentiert von Ilse Foerst-Crato. Düsseldorf 1975

Caroline von Humboldt und Christian Daniel Rauch. Berlin 1999

Foerst-Crato, Ilse (Hrsg.). Frauen zur Goethezeit. Briefwechsel Caroline von HumboldtlFriederike Brun (1810-1829). Düsseldorf 1975

Frauenleben. Band XVI. Caroline von Humboldt. In Verbindung mit anderen herausgegeben von Hanns von Zobeltitz.

Fröhling, Stefan; Reuss, Andreas. Die Humboldts. Lebenslinien einer gelehrten Familie. Berlin 1999

Gabriele von Bülow. Tochter Wilhelm von Humboldts. Ein Lebensbild. Aus den Familienpapieren Wilhelm von Humboldts und seiner Kinder. 1791-1887. Berlin 1911

Heinz von, Christine und Ulrich. Wilhelm von Humboldt in Tegel. München, Berlin 2001

Hettler, Hermann. Karoline von Humboldt. Das Lebensbild einer deutschen Frau. Leipzig 1933

Leitzmann, Albert (Hrsg.). Briefwechsel zwischen Karoline von Humboldt, Rahel und Varnhagen. Weimar 1896

Leitzmann, Albert (Hrsg.). Neue Briefe von Caroline von Humboldt. Halle 1901

Nette, Herbert. Wilhelm und Caroline von Humboldt. Ein Leben in Briefen. Düsseldorf-Köln 1956.

Rave, Paul Ortwin. Wilhelm von Humboldt und das Schloß-Tegel. Berlin 1979

Ruben, Bärbel. Marie Elisabeth von Humboldt (1741-1796). Spurensuche in Falkenberg. Berlin 1993

Sichelschmidt, Gustav. Caroline von Humboldt: ein Frauenbild aus der GoetheZeit. Düsseldorf 1989

Sydow von, Anna (Hrsg.). Gabriele von Bülow. Tochter Wilhelm von Humboldts. Ein Lebensbild aus den Familienpapieren Wilhelm von Humboldts und seiner Kinder 1791-1887. Berlin 1937

Sydow von, Anna. Gabriele von Bülows Töchter. Leben und Schicksale der fünf Enkelinnen Wilhelm von Humboldts aus Briefen und Tagebüchern gestaltet. München Berlin 2000

Sydow von, Anna (Hrsg.). Wilhelm und Caroline von Humboldt in ihren Briefen 1788-1835. Berlin 1920

Stauffer, Albrecht. Karoline von Humboldt in ihren Briefen an Alexander von Rennenkampff. Berlin 1904

Tietz, Gunther (Hrsg.). Caroline von Humboldt. Ein Leben in Briefen. Frankfurt/M. 1991

Wien, Alfred. Caroline von Humboldt. Bielefeld und Leipzig 1912

Biografien in der edition ebersbach

Beate Neubauer/Claudia v. Gélieu

Kurfürstin, Köchin, Karrierefrau

Zehn Berliner Porträts

blue notes 28

128 Seiten, Abb.

Halbleinen mit Fadenheftung

ISBN 978-3-938740-04-0

Elisabeth von Dänemark – Die Reformatorin
Luise Henriette von Nassau-Oranien – Die Aufbauhelferin
Dorothea von Braunschweig-Lüneburg – Die Bodenspekulantin
Sophie Charlotte von Braunschweig-Lüneburg –
Die klügste Königin der Hohenzollern
Henriette Herz – Die jüdische Salonnière
Lina Morgenstern – Die verkannte »Suppenlina«
Rosa Luxemburg – Der letzte Mann der Sozialdemokratie
Else Lasker-Schüler – Mittelpunkt der Berliner Bohème
Katharina von Oheimb-Kardorff – Die ungekrönte Königin
Louise Schroeder – Die erste Regierungschefin

Zehn Berlinerinnen – deren Biografien 500 Jahre Berliner
Geschichte präsentieren. Sie haben Spuren im Berliner
Stadtplan hinterlassen, ihnen wurden Denkmäler gesetzt,
Schulen und Auszeichnungen wurden nach ihnen benannt.
Doch in der Geschichtsschreibung stehen sie immer noch am
Rande. Hier werden sie endlich ins Zentrum gerückt.

www.edition-ebersbach.de

Biografien in der edition ebersbach

Lesley Blanch

Nomadin des Herzens

Jane Digby – ein Porträt.

blue notes 25

128 Seiten, Halbleinen mit Fadenheftung

ISBN 978-3-934703-96-8

Jane Digby (1807 – 1881) war eine leidenschaftlich Frau, deren Temperament nach Leben, Liebe und Abenteuer verlangte.

Durch die Poesie Lord Byrons beflügelt, reist die englische Aristokratentochter Anfang des 19. Jahrhunderts auf der Suche nach der Liebe ihres Lebens quer durch Europa, nach London, Paris, München, Korfu und Athen. Dabei sammelt sie eine beträchtliche Anzahl verflossener Gatten und Geliebten an: Lord Ellenbourough, Baron Venningen, Graf Theotoky – um nur die legitimen Verbindungen zu nennen. In jedem dieser Männer glaubt sie aufrichtig , die Liebe ihre Lebens gefunden zu haben. Sobald aber das „häusliche" Glück, die Tristesse des Alltags beginnt, regt sich in ihr die Ruhelosigkeit.

Nomadin des Herzens ist das Porträt einer Frau des 19. Jahrhunderts, die vorurteilsfrei und freiheitsliebend das Korsett rigider moralischer und auch ethischer Konventionen sprengte, die trotz Anfeindungen, übler Nachrede und herben Enttäuschungen niemals ihren romantischen Glauben an die Kraft der Liebe verliert und nach vielen Irrwegen ihr Lebens- und Liebesglück als Frau eines syrischen Scheichs in der Wüste findet.

www.edition-ebersbach.de

Biografien in der edition ebersbach

Inga Westerteicher

Das Paris der Simone de Beauvoir

blue notes 4

128 Seiten, viele Abb., Halbleinen mit Fadenheftung
ISBN 978-3-931782-60-3

Ein Buch,das dem persönlichen Paris der Beauvoir besondere
Aufmerksamkeit schenkt, und zwar den Orten, an denen sie
sich hauptsächlich aufhielt und die ihr am meisten bedeuteten,
weil sie sich dort mit Freunden traf oder weil sie ihr auf
ihrem Weg zur Schriftstellerin, Feministin und politischen
Aktivistin wichtig waren. Das sind ihre Wohnungen und
Hotels, in denen sie lebte, Schulen und Universitäten, in denen
sie arbeitete, Gärten und Parks, in denen sie flanierte, und
nicht zuletzt die Cafés und Bars, in denen sie sich tagelang
aufhielt und ihre Bücher schrieb. Erstmalig werden hier
Auszüge aus ihren bisher unbekannten Jugendtagebüchern
(1926 – 1930) veröffentlicht. Eine Paris-Karte sowie ein Register
der Örtlichkeiten erleichtern dem weiblichen wie männlichen
Flaneur auf Beauvoirs Spuren die Orientierung.

Ein Spaziergang durch Beauvoirs Paris mit Auszügen aus
ihr en Werken, Briefen und Tagebuchnotizen – und natürlich
mit vielen Fotos.

Eine aufregende Entdeckungsreise.

www.edition-ebersbach.de

Biografien in der edition ebersbach

Christa Gürtler

Ingeborg Bachmann

Klagenfurt – Wien – Rom

blue notes 30

128 Seiten, viele Abb., Halbleinen mit Fadenheftung

ISBN 978-3-938740-11-8

Ihre Kindheit und Jugend in Kärnten, einem Land an der
Grenze, und der Krieg bestimmen als zentrale Erfahrung
das Schreiben der in Klagenfurt geborenen Schriftstellerin
Ingeborg Bachmann. In *Jugend in einer österreichischen Stadt*
und in ihrer späten Erzählung *Drei Wege zum See* hat sie ihrer
Heimatstadt ein berührendes literarisches Denkmal gesetzt.
Nach Kriegsende zieht es die Studentin nach Wien, in die *Stadt
ohne Gewähr,* die sie auch nach der Übersiedlung nach Italien
immer wieder schreibend umkreisen wird. Ihr unvollendet
gebliebener *Todesarten-Zyklus* beschwört vor allem im Roman
Malina das *Ungargassenland* gleichermaßen als realen Ort
und Utopie.

Das Buch zeichnet anhand von Ingeborg Bachmanns
Erzählungen und Romanen ihre Lebensorte nach.

Bibliografische Informationen der Deutschen Bibliothek
Die Deutsche Bibliothek verzeichnet diese Publikation in der
Deutschen Nationalbibliografie; detaillierte bibliografische
Daten sind im Internet über http://dnb.ddb.de.abrufbar.

Alle Abbildungen im Innenteil:
Bildarchiv Preußischer Kulturbesitz, Berlin.

1. Auflage 2007
© edition ebersbach
Horstweg 34, 14059 Berlin
www.edition-ebersbach.de

Coverfoto: Caroline von Humboldt (AKG, Berlin)
Umschlaggestaltung: Kerstin Grundhöffer, Berlin
Satz: Verlag Die Werkstatt, Göttingen
Druck und Bindung: Westermann-Druck, Zwickau
Alle Rechte vorbehalten
ISBN 978-3-938740-39-2